交通运输
应急管理百问手册

JIAOTONG YUNSHU YINGJI GUANLI BAIWEN SHOUCE

交通运输部应急办公室 编

人民交通出版社股份有限公司
北 京

内 容 提 要

　　本书就交通运输应急管理日常工作中经常遇到的问题进行了解答。本书主要包括：基础知识，自然灾害类交通运输突发事件应急管理，事故灾难类交通运输突发事件应急管理，公共卫生事件类交通运输突发事件应急管理，社会安全事件类交通运输突发事件应急管理，交通运输应急管理案例及附件，共七部分内容。

　　本书可作为交通运输系统安全应急管理培训辅导教材，供海上搜救志愿者及交通运输应急管理从业人员学习使用，也可作为面向社会普及应急知识的相关材料，为社会公众提供避险常识和自救互救参考。

图书在版编目（CIP）数据

　　交通运输应急管理百问手册 / 交通运输部应急办公室编 . — 北京 ： 人民交通出版社股份有限公司，2016.1
　　ISBN 978-7-114-12528-7

　　Ⅰ ． ①交… 　Ⅱ ． ①交… 　Ⅲ ． ①交通运输管理—问题解答 　Ⅳ ． ①F502-44

　　中国版本图书馆CIP数据核字（2015）第233007号

书　　　名：交通运输应急管理百问手册
著　作　者：交通运输部应急办公室
责任编辑：韩亚楠　赵瑞琴
出版发行：人民交通出版社股份有限公司
地　　　址：（100011）北京市朝阳区安定门外外馆斜街 3 号
网　　　址：http ://www.ccpcl.com.cn
销售电话：（010）59757973
总　销　售：人民交通出版社股份有限公司发行部
经　　　销：各地新华书店
印　　　刷：北京印匠彩色印刷有限公司
开　　　本：880×1230　1/32
印　　　张：10.125
字　　　数：304千
版　　　次：2016 年 1 月　第 1 版
印　　　次：2020 年 8 月　第 2 次印刷
书　　　号：ISBN 978-7-114-12528-7
定　　　价：38.00元
　　（有印刷、装订质量问题的图书由本公司负责调换）

前　言
Preface

　　为深入贯彻落实交通运输部党组关于加强交通运输安全应急管理"三基"建设，切实提高海上搜救志愿者和交通运输应急管理从业人员综合素质的工作部署，我们结合工作实际，依据相关应急管理法律法规，组织编写了《交通运输应急管理百问手册》。

　　本书就交通运输应急管理日常工作中经常遇到的问题进行了解答，内容力争覆盖交通运输公路、水路、海上搜救等应急管理工作主要环节，配图生动形象便于理解。为便于指导实践和日常查询，还摘录了7个典型案例，汇编了现行交通运输应急管理常用的部分法规、规定及预案（请读者关注其修订动态，及时调整）。本书可作为交通运输系统安全应急管理培训辅导教材，供海上搜救志愿者及交通运输应急管理从业人员学习使用，也可作为向社会普及应急知识的相关材料，为公众出行提供避险常识和自救互救参考。

　　本书编写过程中得到交通运输部机关各司局以及甘

肃、山东、江西、福建、广东、吉林、新疆等省（自治区）交通运输厅的大力协助，也面向交通运输系统广泛听取了意见。在此，谨向给予本书编写和出版工作大力支持和帮助的业内同行表示衷心的感谢。

因时间仓促，本书编写如有疏漏之处，望读者批评指正并反馈给交通运输部应急办公室，便于再版时改进。

编者

2016年1月

目 录
Contents

第二章　自然灾害类交通运输突发事件应急管理

三、海上突发事件 / 48

四、城市客运突发事件 / 64

五、公路水运工程安全事故应急管理 / 72

第四章　公共卫生事件类交通运输突发事件应急管理

第五章　社会安全事件类交通运输突发事件应急管理

第六章　交通运输应急管理案例

附件　参考法规、规定及预案

Chapter 1

第一章 基础知识

1. 什么是突发事件？

突发事件是指突然发生，造成或者可能造成严重社会危害，需要采取应急处置措施予以应对的自然灾害、事故灾难、公共卫生事件和社会安全事件。

2. 突发事件分为几级？

按照社会危害程度、影响范围等因素，自然灾害、事故灾难、公共卫生事件分为特别重大、重大、较大和一般四级。

社会危害程度、影响范围

特别重大   **重大**   **较大**   **一般**

3. 突发事件应对工作应遵循什么原则？

突发事件应对工作应遵循预防为主、预防与应急相结合的原则。

4. 突发事件应对工作的行政领导机关有哪些？

国务院和县级以上地方各级人民政府是突发事件应对工作的行政领导机关，其办事机构及具体职责由国务院规定。

5. 如何确定领导指挥突发事件应对工作的责任机关？

县级人民政府对本行政区域内突发事件的应对工作负责；涉及两个以上行政区域的，由有关行政区域共同的上一级人民政府负责，或者由各有关行政区域的上一级人民政府共同负责。

6. 做好突发事件应对工作需要在哪些方面加强保障？

需加强人力、物力、财力、交通运输、医疗卫生及通信等方面的保障工作。

7. 突发事件监测制度的具体内容包括哪些？

县级以上人民政府及其有关部门应当根据自然灾害、事故灾难和公共卫生事件的种类和特点，建立健全基础信息数据库，完善监测网络，划分监测区域，确定监测点，明确监测项目，提供必要的设备、设施，配备专职或者兼职人员，对可能发生的突发事件进行监测。

8. 如何做到突发事件的早发现、早报告、早预警？

国务院建立全国统一的突发事件信息系统，县级以上地方人民政府应当建立或者确定本地区统一的突发事件信息系统，各级人民政府及其有关部门的信息系统应当实现互联互通；县级以上人民政府及其有关部门应当建立健全有关突发事件的监测制度和监测网络，对可能发生的突发事件进行监测；采取多种方式收集、及时分析处理并报告有关信息；获悉突发事件信息的公民和单位有义务向政府及其有关部门或者指定的专业机构报告。

9．单位在预防突发事件发生方面负有哪些职责？

所有单位应当建立健全安全管理制度，定期检查本单位各项安全防范措施的落实情况，及时消除事故隐患；掌握并及时处理本单位存在的可能引发社会安全事件的问题，防止矛盾激化和事态扩大；对本单位可能发生的突发事件和采取安全防范措施的情况，应当按照规定及时向所在地人民政府或者人民政府有关部门报告。

10．单位在遭遇突发事件时应当采取哪些应急处置措施？

受到自然灾害危害或者发生事故灾难、公共卫生事件的单位，应当立即组织本单位应急救援队伍和工作人员营救受害人员，疏散、撤离、安置受到威胁的人员，控制危险源，标明危险区域，封锁危险场所，并采取其他防止危害扩大的必要措施，同时向所在地县级人民政府报告。对因本单位的问题引发的或者主体是本单位人员的社会安全事件，有关单位应当按照规定上报情况，并迅速派出负责人赶赴现场开展劝解、疏导工作。

11．什么是交通运输突发事件？

交通运输突发事件是指突然发生，造成或者可能造成交通运输设施毁损，交通运输中断、阻塞，重大船舶污染及海上溢油应急处置等，需要采取应急处置措施，疏散或者救援人员，提供应急运输保障的自然灾害、事故灾难、公共卫生事件和社会安全事件。

12. 应对交通运输突发事件应当遵循什么原则？

应对交通运输突发事件遵循属地管理原则，在各级地方人民政府的统一领导下，建立分级负责、分类管理、协调联动的交通运输应急管理体制。

13. 交通运输突发事件发生后，交通运输管理部门应当采取哪些应对措施？

交通运输突发事件发生后，交通运输管理部门应当在当地政府的统一领导下，采取下列应对措施：

（1）组织搜寻、营救遇险人员，疏散、撤离受威胁

人员和运输车船;

（2）对危险源和危险区域进行控制，设立警示标志;

（3）调集人员、物资、设备、工具，对突发事件造成的影响进行消除，对受损的交通基础设施进行抢修、抢通或搭建临时性设施以满足交通运输正常运行需要;

（4）采取控制、防范措施，防止次生、衍生灾害发生;

（5）必要时请求本级人民政府和上级交通运输部门的帮助，协调有关部门，启动联合机制，联合开展应急处置;

（6）组织开展应急处置动员和自救互救;

（7）及时向上级和有关部门报告突发事件信息，报告事件情况和应急处置开展情况;

（8）按照有关规定，统一、准确、及时、客观地向社会和媒体发布应急处置信息;

（9）其他有利于控制、减轻和消除危害的必要措施。

14. 交通运输突发事件超出事发地交通运输管理部门处置能力或管辖范围时，应当采取什么措施?

（1）根据应急处置需要向上级交通运输管理部门请求启动更高级别的应急响应;

（2）请求上级交通运输管理部门协调突发事件发生地周边交通运输行政管理部门给予应急处置支持;

（3）请求上级交通运输管理部门派出现场工作组和专家、有关技术人员对应急处置给予指导;

（4）请求上级交通运输管理部门在资金、物资、设备设施、应急队伍等方面按照有关政策规定给予支持;

（5）按照已经建立的协作机制，协调有关部门参与应急处置。

15. 交通运输突发事件信息报告内容应当包括哪些要素？

（1）事件发生的时间、地点、程度及信息来源；

（2）事件起因、性质、基本过程、已造成的后果以及影响范围和事件发展趋势；

（3）已采取的措施、存在的隐患、请求帮助解决的问题和下一步的工作计划；

（4）信息报送单位、联系人和联系电话等。

16. 应急处置结束后，交通运输主管部门应当做哪些工作？

交通运输突发事件应急处置结束后，负责应急处置工作的交通运输主管部门应当对应急处置工作进行评估，并向上级交通运输主管部门和本级人民政府报告。同时应当根据国家有关扶持遭受突发事件影响行业和地区发展的政策规定以及本级人民政府的恢复重建规划，制订相应的交通运输恢复重建计划并组织实施，重建受损的交通基础设施，消除突发事件造成的破坏及影响。

17. 交通运输突发事件应急管理监督检查应当包含哪些内容？

（1）应急组织机构建立情况；

（2）应急预案制定及实施情况；

（3）应急物资储备情况；

（4）应急队伍建设情况；

（5）危险源监测情况；

（6）信息管理、报送、发布及宣传情况；

（7）应急培训及演练情况；

（8）应急专项资金和经费落实情况；

（9）突发事件应急处置评估情况；

（10）应急体系发展规划及实施情况。

18. 交通运输应急专项资金和经费应当如何保障？

交通运输主管部门应当根据本级人民政府财政预算情况，编列应急资金年度预算，设立突发事件应急工作专项资金。

交通运输企业应当安排应急专项经费，保障交通运输突发事件应急工作的需要。

19. 交通运输应急专项资金和经费主要用于哪些方面？

应急专项资金和经费主要用于应急预案编制及修订、应急培训演练、应急装备和队伍建设、日常应急管理、应急宣传以及应急处置措施等。

20. 怎样处理影响交通运输突发事件应对活动有效进行的人员？

影响交通运输突发事件应对活动有效进行的相关人员，由其上级交通运输主管部门责令改正、通报批评；情节严重的，对直接负责的主管人员和其他直接责任人员按照有关规定给予相应处分；造成严重后果的，由有关部门依法给予处罚或追究相应责任。

21. 什么是应急预案？

各级人民政府及其部门、基层组织、企事业单位、社会团体等为依法、迅速、科学、有序应对突发事件，最大程度减少突发事件及其造成的损害而预先制订的工作方案。

22. 应急预案管理遵循什么原则？

应急预案管理应当遵循统一规划、分类指导、分级负责、动态管理的原则。

遵循统一规划、分类指导、分级负责、动态管理

应急预案

23. 应急预案分为几大类？

按照制定主体，分为政府及其部门应急预案、单位和基层组织应急预案两大类。

24. 政府及其部门应急预案包括哪些？

政府及其部门应急预包括总体应急预案、专项应急预案、部门应急预案等。

25. 总体应急预案主要包括哪些内容？

总体应急预案主要包括突发事件应对的基本原则、组织体系、运行机制，以及应急保障的总体安排等，明确相关各方的职责和任务。

26. 省级专项和部门应急预案侧重哪些内容？

省级专项和部门应急预案主要明确突发事件的组织指挥机制、信息报告要求、分级响应及响应行动、队伍物资保障及调动程序、市县级政府职责等，重点规范省级层面应对行动，同时体现指导性。

27. 市、县级专项和部门应急预案侧重哪些内容？

市、县级专项和部门应急预案主要明确突发事件的组织指挥机制、风险评估、监测预警、信息报告、应急处置措施、队伍物资保障及调动程序等内容，重点规范市（地）级和县级层面应对行动，体现应急处置的主体职能。

28. 单位和基层组织应急预案侧重哪些内容？

单位和基层组织应急预案主要明确应急响应责任人、风险隐患监测、信息报告、预警响应、应急处置、人员疏散撤离组织和路线、可调用或可请求援助的应急资源情况及如何实施等，体现自救互救、信息报告和先期处置特点。

29. 演练评估主要包括哪些内容?

演练评估主要包括演练的执行情况，预案的合理性与可操作性，指挥协调和应急联动情况，应急人员的处置情况，演练所用设备装备的适用性，对完善预案、应急准备、应急机制、应急措施等方面的意见和建议等。

30. 应急预案报备是怎样规定的?

（1）地方人民政府总体应急预案报送上一级人民政府备案；

（2）地方人民政府专项应急预案抄送上一级人民政府有关主管部门备案；

（3）部门应急预案报送本级人民政府备案；

（4）涉及需要与所在地政府联合应急处置的中央单位应急预案，应当向所在地、县级人民政府备案。

法律、行政法规另有规定的从其规定。

31. 在什么情况下应当及时修订应急预案?

（1）有关法律、行政法规、规章、标准、上位预案中的有关规定发生变化的；

（2）应急指挥机构及其职责发生重大调整的；

（3）相关单位发生重大变化的；

（4）面临的风险发生重大变化的；

（5）重要应急资源发生重大变化的；

（6）预案中的其他重要信息发生变化的；

（7）在突发事件实际应对和应急演练中发现问题需

要做出重大调整的；

（8）应急预案制定单位认为应当修订的其他情况。

32. 全国突发事件应急预案包括哪些主要内容？

（1）突发事件应急处理指挥部的组成和相关部门的职责；

（2）突发事件的监测与预警；

（3）突发事件信息的收集、分析、报告、通报制度；

（4）突发事件应急处理技术和监测机构及其任务；

（5）突发事件的分级和应急处理工作方案；

（6）突发事件预防、现场控制，应急设施、设备、救治药品和医疗器械以及其他物资和技术的储备与调度；

（7）突发事件应急处理专业队伍的建设和培训。

33. 交通运输应急预案由哪一级部门制定？

国务院交通运输主管部门应当根据国家突发事件总体应急预案和相关专项应急预案，制定交通运输突发事件部门应急预案。

县级以上各级交通运输主管部门应当根据本级地方人民政府和上级交通运输主管部门制定的相关突发事件应急预案，制定本部门交通运输突发事件应急预案。

交通运输企业应当按照所在地交通运输主管部门制定的交通运输突发事件应急预案，制定本单位交通运输突发事件应急预案。

国务院交通运输主管部门
制定交通运输突发事件部门应急预案

县级以上各级交通运输主管部门
制定本部门交通运输突发事件应急预案

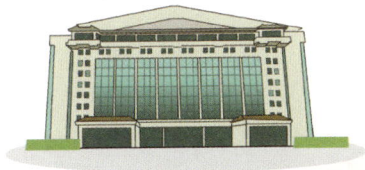

交通运输企业
制定本单位交通运输突发事件应急预案

34. 交通运输应急预案包括哪些主要内容？

应急预案应当根据有关法律、法规的规定，针对交通运输突发事件的性质、特点、社会危害程度以及可能需要提供的交通运输应急保障措施，明确应急管理的组织指挥体系与职责、监测与预警、处置程序、应急保障措施、恢复与重建、培训与演练等具体内容。

第二章　自然灾害类
交通运输突发事件应急管理

35. 自然灾害主要包括哪些？

自然灾害主要包括水旱灾害、气象灾害、地震灾害、地质灾害、海洋灾害、生物灾害和森林草原火灾等。

36. 海上极端天气主要包括哪些？

对海上船舶的航行、停泊和作业造成影响的极端天气主要包括热带风暴、强热带风暴、台风、强台风、超强台风、冬季大风、强冷空气、寒潮大风、严重海冰灾害、地震、海啸等。

一、台风

37. 台风来临前应告知社会公众注意什么？

（1）外出时尽量穿上雨衣，不要打伞；

（2）避开高大树木、棚子、架子、架空电线、高层施工现场、塔吊或工地围墙、广告牌、危旧建筑物等；

（3）不要在高墙、广告牌及居民楼下行走，以免发生重物倾斜或高空坠物砸伤行人等突发事件；

（4）看见倾斜及倒下的电线杆等输电设施，要远远绕行，以免触电；

（5）加固门窗及有可能被强风吹落的物体，如花盆、护栏、避雨棚、晾衣杆、室外天线等；

（6）注意道路积水，不要在积水情况不明的路上行走，以免落入水中；

（7）风大造成行走困难时可就近到公共场所暂避；

（8）检查煤气及电路，小心火源；

（9）沿海地区居民注意潮位异常增高。

38．台风来临前应告知受影响水域的船舶注意什么？

（1）注意收听邻近地区气象台的气象预报和警报，及时了解海风、海浪的情况；

（2）保持与陆地指挥系统的联络，及时避开台风的突袭；

（3）尚未出港的船舶，推迟出航时间，待台风过后再出航；在海面航行的船舶要根据台风移动方向和范围，视情改变航线绕道而行，或抢在台风来到之前迅速穿过。

39．海上搜救值班员何时在海图上标绘台风路径？

西北太平洋及南中国海有热带气旋生成后，值班员在沿海48小时警戒线以外每天标绘不少于4次；进入48小时警戒线后每隔2~4小时标绘一次；进入24小时警戒线后每隔1~2小时标绘一次。标绘时要标明台风的编号、名称及时间。

40．查询极端天气的网站主要有哪些？

查询极端天气的网站主要有中国气象网、国家海洋预报台网站、中国天气网、福建水利信息网、浙江台风实时信息发布系统、温州台风网等。

41. 热带风暴等达到什么级别时要发布预警?

将会在我国登陆或途经我国海域的热带风暴(热带气旋)及以上等级灾害性天气,中国海上搜救中心、受影响的辖区搜救机构要及时发布极端天气预警信息。局部海区风力达到9级及以上,相关搜救机构应主动发布极端天气预警。

42. 台风登陆时,受影响地区的海上搜救机构应注意哪些事项?

台风登陆地区的海上搜救机构应及时向涉水单位、船舶发送登陆信息,提醒船舶和人员台风警报没有解除前不要急于出港或恢复生产,同时记录有关风力风向,做好海上监测及突发事件应急处置工作。

43. 交通运输部防抗台风视频会议有哪些单位参加?

当台风进入24小时警戒线并可能在我国沿海登陆或对我国沿海有重大影响,交通运输部将组织召开防抗台风视频会议,会议具体由中国海上搜救中心(部应急办)组织,主会场参加单位有部办公厅、政研室、公路局、水运局、安全与质量监督管理司、公安局、中国海上搜救中心、海事局和救捞局。在分会场参加会议的单位主要是受台风影响省份的交通运输系统单位,包括当地交通运输厅(局、委)、海上搜救中心、直属海事局、救助局、救助飞行队等单位。

二、海啸

44. 接到海啸预警信息后，应提醒相关单位、人员注意哪些事项？

（1）收到海啸预警信息后，相关单位应根据预警信息，迅速予以转发，预计受影响的沿海搜救中心要做好应急工作；

（2）相关单位及人员应咨询海洋环境预报中心，分析海啸对我国沿海造成的危害程度，并根据情况，采取相应的防范措施；

（3）要求受影响港口码头的大型船舶出港，远离岸边海啸影响区域，禁止大型船舶在码头靠泊或在港内锚泊；

（4）所有客、渡船停航，有条件的人员上岸，登高避险；

（5）所有危险品船、油船停止装卸，远离码头及装卸设施；

（6）相关海上救助单位做好救助准备；

（7）直升机应在海浪到来前，转移到高地待命，必要时及时升空；

（8）海啸过后，了解船舶受海啸影响情况。

45. 海啸来临时，应提醒相关船舶、人员注意哪些事项？

（1）海啸征兆：地面强烈运动；潮汐突然反常涨

落，海平面显著下降或有巨浪袭来、伴有大量水泡冒出；海水异常退去，海滩上出现大量海生物；听到如火车行走时的咆哮声。

（2）停泊在港口的船舶，在海啸到来前要驶到开阔海面，如果来不及开出海港，要迅速撤离所有船上人员；航行在海上的船舶如果不可回港或靠岸，要马上驶向深海区。

（3）察觉海啸征兆，要迅速撤离海边，向内陆或者高处转移。

（4）不幸落水，要尽量抓住木板等漂浮物，避免其他硬物碰撞。在水中应尽量减少动作，防止体内热量过快散失；尽量向其他落水者靠拢，互相帮助，尽量使目标明显，易被发现。

46．灾害性海浪来临时，应提醒相关单位、人员注意哪些事项？

（1）及时关注海洋预报部门发布的海上大浪预警预报，接到警报后人员及时撤离作业点，并撤离近岸一切活动物品，不能撤离的要进行加固；

（2）加固防波堤、水闸、港口码头、海产养殖等工程设施；

（3）渔船要停止作业进港避风，船上人员要撤离到岸上；

（4）在海边逗留的人员要及时离开岸边，不要在海边观浪观潮等；

（5）停止乘船观光、海里游泳等一切水上娱乐休闲活动。

47．风暴潮来临时，应提醒相关单位、人员注意哪些事项？

（1）注意收看电视、收听广播和上网查询，及时了解各级海洋预报部门发布的风暴潮预警预报；

（2）离开海边的低洼地方，并到内陆或者高处躲避；

（3）船舶抛锚，船上人员撤离到岸上；

（4）轮渡等暂停运营，停止海里游泳、海上观光等水上活动，不要到海边钓鱼、观潮等。

三、地震

48. 地震发生时，应提醒相关人员注意哪些事项？

（1）在平房或一楼，抱头迅速向室外跑，来不及跑到室外时可以躲在桌下、床下及坚固家具旁；

（2）在街上，抱头迅速跑到空旷地蹲下，避开高楼、立交桥、高压线；

（3）在楼房，暂避到厨房、卫生间等跨度小的空间内，或承重墙根、墙角等容易形成三角空间处，勿使用电梯；

（4）在人多的公共场所，避开玻璃门窗和悬挂物，抱头蹲下，之后有秩序地撤离；

（5）在郊外，避开山脚、陡崖，防止滚石、滑坡、

山崩等造成伤害；

（6）驾车行驶时，迅速避开立交桥、陡崖、电线杆，尽快选择空旷处停车；

（7）一旦震动停止，迅速撤离到安全地方，已经撤离的人员不要急于回屋，以防余震或随之而来的主震；

（8）如果身处海边，要尽快向远离海岸线的高处转移，避免地震可能引发的海啸袭击。

49. 地震发生时行驶中的车辆及乘客如何应急?

驾驶员应尽快减速，逐步制动；乘客（特别在火车上）应用手牢牢抓住把手、柱子或坐席等，并注意防止行李从架上掉下伤人；面朝行车方向的人，要将胳膊靠在前坐席的椅背上，身体倾向通道，两手护住头部；背朝行车方向的人，要两手护住后脑部，并抬膝护腹，紧缩身体，做好防御姿势。

50. 收到地震信息后，沿海海上搜救机构应注意什么？

地震是海啸的先兆，如收到发生在太平洋、黄海、东海、南海6级及以上地震或在上述海域的沿岸国家发生大地震信息后，搜救机构及时了解地震是否引发海啸，可登录海洋环境预报中心官方网站或电话咨询。

51. 收到地震信息后，内河水域搜救机构应注意什么？

（1）收到地震信息后，内河水域搜救机构要立即启动应急处置工作预案，通知辖区各搜救分中心，同时通知辖区水域的船舶、码头等相关单位做好安全防范措施。

（2）地震发生后可能会引发山体滑坡、泥石流、塌方、岸崩等地质灾害。内河水域属于山区河段的，处于有山体滑坡危险地带上下游20千米范围内的船舶、人员立即撤离至警戒水域，如果船舶及码头设施无法撤离，通知船舶立即采取关闭水密舱门、船员就地离船上岸，并实施禁航措施；内河其他水域，为避免岸崩，要求船舶航行时远离岸边。

（3）内河水域因地震易发生涌浪等现象，要求近震源地带船舶一律停止作业，并加固系泊设施，所有客、渡船停航，船上人员全部转移上岸，登高避险。

（4）如因地震已造成山体滑坡、泥石流等自然灾害造成内河水域发生险情或断航的，待险情趋于稳定后，搜救部门要组织水上搜救工作，最大限度地降低人员伤亡和船舶、财产损失。

（5）搜救机构要及时了解辖区水域船舶、码头、设施损毁情况，以及人员伤亡和救助情况，并及时向上级有关部门汇报。

（6）搜救机构随时与上级有关部门保持联系，根据震级、震源等情况对该内河水域影响及时采取有效防范措施。

四、其他

52. 在水中被困车内如何应对？

解开安全带，打开车门安全锁，立即完全打开车窗，安定情绪，进行深呼吸。车辆入水后，水会快速涌进车内，这时水压非常大，车内的人很难打开车门逃生。只有当车内充满了水，车内外压力相对平衡，此时迅速打开车门逃生。如果没有及时开窗，可以通过破窗锤来击碎车窗玻璃，让水尽快进入车内，增加逃生机会。

53. 在山区行车遇暴雨时应注意哪些事项？

车辆要尽量靠外侧行驶，避免山体滑坡砸伤车辆，如遇道路被阻断，应将车辆放在安全地区并及时向道路主管部门报告。雨中和雨后在山路行驶时，如遇山石塌落在路上，不要在情况不明的情况下自行清理路障，以免后续山石滑落造成人身伤害。

54. 龙卷风来临时室外防范措施有哪些？

（1）在野外遇龙卷风时，迅速向龙卷风前进的垂直方向逃离，就近寻找洼地趴下。要远离大树、电线杆等，以免被砸、被压或触电。

（2）驾车外出遇到龙卷风时，不要开车躲避，也不要在汽车中躲避，应立即离开汽车，到低洼地躲避。

55. 雾霾天出行需注意哪些事项？

（1）驾驶员要控制车速、车距、密切关注路况。

（2）出行注意交通安全，作适当防护，减少吸入对人体有害的气体。

（3）患呼吸道疾病或心肺疾病的人，尽量不外出。

56. 道路结冰时，行人、车辆需注意哪些事项？

（1）行人小心路滑，出门最好穿防滑鞋，防止跌倒、扭伤，在道路上行走需注意行车情况，尽量远离行车道。

（2）驾驶员采取防滑措施（如安装防滑链），关注路况，服从指挥疏导，慢速安全驾驶。

第三章　事故灾难类
交通运输突发事件应急管理

57. 事故灾难主要包括哪些?

事故灾难主要包括工矿商贸等企业的各类安全事故、交通运输事故、公共设施和设备事故、环境污染和生态破坏事件等。

一、公路交通突发事件

58. 什么是公路交通突发事件?

公路交通突发事件是指由自然灾害、公路交通运输生产事故、公共卫生事件、社会安全事件引发的造成或者可能造成公路以及重要客运枢纽出现中断、阻塞、重大人员伤亡、大量人员需要疏散、重大财产损失、生态环境破坏和严重社会危害,以及由于社会经济异常波动造成重要物资、旅客运输紧张需要交通运输部门提供应急运输保障的紧急事件。

59. 公路交通突发事件的预警及相关信息包括哪些?

(1)气象监测、预测、预警信息;

(2)强地震(烈度5.0以上)监测信息;

(3)突发地质灾害监测、预测信息;

(4)洪水、堤防决口与库区垮坝信息;

(5)海啸灾害预测预警信息;

(6)重大突发公共卫生事件信息;

（7）环境污染事件影响信息；

（8）重大恶性交通事故影响信息；

（9）因市场商品短缺及物价大幅波动引发的紧急物资运输信息；

（10）公路损毁、中断、阻塞信息和重要客运枢纽旅客滞留等其他信息。

60. 公路交通突发事件预警分为几级？

根据突发事件发生时对公路交通的影响和需要的运输能力分为四级预警，分别为Ⅰ级预警（特别严重预警）、Ⅱ级预警（严重预警）、Ⅲ级预警（较重预警）、Ⅳ级预警（一般预警）。

61. 公路交通突发事件预警级别是如何划分的？

公路交通突发事件预警级别划分如下：

预警级别	级别描述	颜色标示	事 件 情 形
Ⅰ级	特别严重	红色	1. 因突发事件可能导致国家干线公路交通毁坏、中断、阻塞或者大量车辆积压、人员滞留，通行能力影响周边省份，抢修、处置时间预计在24小时以上时； 2. 因突发事件可能导致重要客运枢纽运行中断，造成大量旅客滞留，恢复运行及人员疏散预计在48小时以上时； 3. 发生因重要物资缺乏、价格大幅波动可能严重影响全国或大片区经济整体运行和人民正常生活，超出省级交通运输主管部门运力组织能力时； 4. 其他可能需要由交通运输部提供应急保障时

续表

预警级别	级别描述	颜色标示	事 件 情 形
II级	严重	橙色	1. 因突发事件可能导致国家干线公路交通毁坏、中断、阻塞或者大量车辆积压、人员滞留，抢修、处置时间预计在12小时以上时； 2. 因突发事件可能导致重要客运枢纽运行中断，造成大量旅客滞留，恢复运行及人员疏散预计在24小时以上时； 3. 发生因重要物资缺乏、价格大幅波动可能严重影响省域内经济整体运行和人民正常生活时； 4. 其他可能需要由交通运输部提供应急保障时
III级	较重	黄色	III级预警分级条件由省级交通运输主管部门负责参照I级和II级预警等级，结合地方特点确定
IV级	一般	蓝色	IV级预警分级条件由省级交通运输主管部门负责参照I级、II级和III级预警等级，结合地方特点确定

62. 公路交通突发事件预警启动程序是如何规定的?

（1）交通运输部路网中心提出公路交通突发事件Ⅰ级预警状态启动建议；

（2）交通运输部应急领导小组在2小时内决定是否启动Ⅰ级公路交通突发事件预警，如同意启动，则正式签发Ⅰ级预警启动文件，并向国务院应急管理部门报告，交通运输部各应急工作组进入待命状态；

（3）Ⅰ级预警启动文件签发后1小时内，由交通运输部路网中心负责向相关省级公路交通应急管理机构下发，并电话确认接收；

（4）根据情况需要，由交通运输部应急领导小组决定此次Ⅰ级预警是否需面向社会发布，如需要，在12小时内联系此次预警相关应急协作部门联合签发；

（5）已经联合签发的Ⅰ级预警文件由交通运输部新闻宣传小组联系新闻媒体，面向社会公布；

（6）交通运输部路网中心立即开展应急监测和预警信息专项报送工作，随时掌握并报告事态进展情况，形成突发事件动态日报制度，并根据应急领导小组要求增加预警报告频率；

（7）交通运输部各应急工作组开展应急筹备工作，公路抢通组和运输保障组开展应急物资的征用准备。

Ⅱ、Ⅲ、Ⅳ级预警启动程序由各级地方交通运输主管部门参考Ⅰ级预警启动程序，结合当地特点，自行编制；在预警过程中，如发现事态扩大，超过本级预警条件或本级交通运输主管部门处置能力，应及时上报上一级交通运输主管部门，建议提高预警等级。

63. 公路交通突发事件应急工作信息如何发布?

（1）特别重大公路交通突发事件信息发布由交通运输部路网中心负责。其他公路交通突发事件发布由各级公路交通应急管理机构负责。

（2）发布渠道包括内部业务系统、交通运输部网站和路网中心管理的服务网站，以及经交通运输部授权的各媒体。

（3）公路交通突发事件相关信息发布应当加强同新闻宣传小组的协调和沟通，及时提供各类相关信息。

64. 公路交通突发事件的新闻发布如何组织？

交通运输部新闻宣传小组负责组织发布公路交通突发事件新闻通稿、预案启动公告、预警启动与应急响应启动公告、预警终止与应急响应终止公告，传递事态进展的最新信息，解释说明与突发事件有关的问题、澄清和回应与突发事件有关的错误报道，宣传公路交通应急管理工作动态，组织召开突发事件相关各单位、部门参加的联席新闻发布会。

65. 公路交通突发事件新闻发布主要有哪些方式？

新闻发布主要方式包括新闻发布会、新闻通气会、记者招待会、接受多家媒体的共同采访或独家媒体专访、发布新闻通稿。

66. 公路交通突发事件应急处置过程中国家应急物资如何调用?

当省级应急物资储备在数量、种类及时间、地理条件等受限制的情况下,需要调用国家公路交通应急物资储备时,由使用地省级公路交通应急管理机构提出申请,经应急领导小组同意,由路网中心下达国家公路交通应急物资调用指令,应急物资储备管理单位接到路网中心调拨通知后,应在48小时内完成储备物资发运工作。

67. 国家级公路交通应急管理机构包括哪些?

国家级公路交通应急管理机构包括应急领导小组、应急工作组、日常管理机构、专家咨询组、现场工作组等。

68. 公路交通突发事件应急组织体系是怎样的?

公路交通应急组织体系由国家级(交通运输部)、省级(省级交通运输主管部门)、市级(市级交通运输主管部门)和县级(县级交通运输主管部门)四级应急管理机构组成。

69. 交通运输部公路交通突发事件应急工作领导小组在应急状态下的主要职责是什么?

(1)决定启动和终止Ⅰ级公路交通突发事件预警状态和应急响应行动;

(2)负责统一领导Ⅰ级公路交通突发事件的应急处置工作,发布指挥调度命令,并督促检查执行情况;

（3）根据国务院要求，或根据应急处置需要，指定成立现场工作组，并派往突发事件现场开展应急处置工作；

（4）根据需要，会同国务院有关部门，制订应对突发事件的联合行动方案，并监督实施；

（5）当突发事件由国务院统一指挥时，应急领导小组按照国务院的指令，执行相应的应急行动；

（6）其他相关重大事项。

70. 部省两级协调与指挥机构应怎样协调、指挥公路交通突发事件应急处置？

当发生Ⅱ级以上公路交通突发事件时，交通运输部路网中心和事发地公路交通应急管理机构均进入24小时应急值班状态，确保部省两级日常应急管理机构的信息畅通。

建立交通运输部与相关省份省级交通运输主管部门之间的定期视频应急会商机制。

交通运输部路网中心协调各省级公路交通应急管理机构，科学实施跨区域公路网绕行分流措施，同时及时发布路况信息。

71. 目前，交通运输部确定的国家区域性公路交通应急装备物资储备中心如何布局？

按照"平急结合、应急为主；适应需求、合理布局；规模适当、科学管理；部省共建、协调联动；统一规划、分步实施"的原则，在河北省保定市、吉林省长春市、黑龙江省齐齐哈尔市、浙江省湖州市、山东省临沂市、河南省郑州市、湖南省湘潭市、广东省肇庆市、四川省成都市、贵州省贵阳市、云南省昆明市、陕西省西安市、甘肃省兰州市等地建立国家区域性公路交通应急装备物资储备中心，同时将西藏、青海、新疆三个省区纳入国家区域性公路交通应急装备物资储备中心体系，在装备和物资的配置上予以适当支持。

72. 公路交通突发事件应急装备物资如何管理？

国家区域性公路交通应急装备物资储备管理实行代储管理形式，储备中心由交通运输部负责总体规划、使用调拨和监督管理，其所在地省级交通运输主管部门为代储单位，负责日常管理工作。

储备装备物资由代储单位按照"分步购置、逐步完善、动态更新"的原则组织招标采购，交通运输部对新购置入库装备物资种类、数量和质量进行验收。代储单位应对储备装备物资实行封闭式管理，专库存储，专人负责。要建立装备物资台账和管理档案，建立健全装备物资储备管理、进出库管理、消防安全管理、财务管理等各项规章制度。储备装备物资入库、保管、出库等要有完备的凭证手续。

地方交通运输主管部门应当建立完善的各项应急物资管理规章制度，制定采购、储存、更新、调拨、回收各个工作环节的程序和规范，加强装备物资储备过程中的监管，防止储备装备物资被盗用、挪用、流失和失效，对各类物资及时予以补充和更新。

73. 公路交通突发事件应急装备物资储备方式有哪些？

公路交通突发事件应急装备物资采用实物储备与商业储备相结合、生产能力储备与技术储备相结合、政府采购与政府补贴相结合、社会租赁与购置相结合的应急装备物资储备方式。

74. 现阶段公路交通突发事件应急装备包括哪些？

现阶段公路交通突发事件应急装备主要包括工程机械类、应急处置类和后勤保障类。工程机械类主要包括挖掘机、装载机、推土机、平地机、起重机、自卸车、平板拖车等；应急处置类主要包括多功能除雪车、推雪铲、吹雪车、钢桥、机械化桥、清障车、冲锋舟、大功率移动式水泵、应急通信车、应急监控车、空中巡查监测设备、海事卫星电话等；后勤保障类包括电源配电车、运油车、应急维修救援车、净水车、野餐车、救生筏、发电机组等。

75. 公路交通突发事件应急物资包括哪些？

应急物资包括公路抢通物资和救援物资两类。公路抢通物资主要包括沥青、碎石、砂石、水泥、钢板、木材、编织袋、融雪剂、防滑料、吸油材料等；救援物资包括方便食品、饮用水、防护衣物及装备、医药、照明、帐篷、燃料、安全标志、车辆防护器材及常用维修工具等。

沥青　　碎石　　砂石　　水泥　　钢桥　　钢板

木材　　融雪剂　　防滑料　　编织袋

帐篷　　紧急救灾　　维修工具

方便食品、饮用水　　防护衣物及装备　　医药　　照明　　燃料

76. 公路交通应急队伍的组建原则是什么？

　　各级交通运输主管部门按照"平急结合、因地制宜，分类建设、分级负责，统一指挥、协调运转"的原则建立公路交通突发事件应急队伍。

77. 公路交通应急管理机构上报总结评估材料包括哪些内容？

　　按照国家公路交通应急管理机构的要求，包括突发事件情况、采取的应急处置措施、取得的成效、存在的主要问题、相关建议等。

78. 交通运输主管部门对危险化学品运输的安全监督管理职责是什么？

　　交通运输主管部门负责危险化学品道路运输、水路运输的许可以及运输工具的安全管理，对危险化学品水路运输安全实施监督，负责危险化学品道路运输企业、水路运输企业驾驶人员、船员、装卸管理人员、押运人员、申报人员、集装箱装箱现场检查员的资格认定。铁路主管部门负责危险化学品铁路运输的安全管理，负责危险化学品铁路运输承运人、托运人的资质审批及其运输工具的安全管理。

79. 发生危险化学品事故后，有关地方人民政府及其有关部门应采取哪些应急处置措施？

（1）在摸清险情、保障救援人员自身安全的前提下，立即组织营救和救治受害人员，疏散、撤离或者采取其他措施保护危害区域内的其他人员；

（2）通过查阅随车携带的安全卡、运单等材料或询问相关驾驶员、运输企业及相关方，查清突发事件车辆装载物质的化学成份品种、数量，测定危险化学品的性质、事故的危害区域及危害程度；

（3）针对事故对人体、动植物、土壤、水源、大气造成的现实危害和可能产生的危害，制订应急处置方案，迅速采取封闭、隔离、洗消等措施；

（4）对危险化学品事故造成的环境污染和生态破坏状况进行监测、评估，并采取相应的环境污染治理和生态修复措施。

80. 公路隧道内发生火灾该如何逃生？

（1）应及时撤离车辆，朝着起火点烟雾流相反的方向逃生；

（2）及时用水打湿毛巾或衣物捂住口鼻，以此过滤毒烟，如无水源也可用尿液代替；

（3）低身弯腰行走，烟雾往往伴随着高温往隧道上部移动，下部毒烟相对较少，应利用这个时机迅速撤离；

（4）留意隧道内的提示标志，及时找到隧道内的逃生门逃生；

（5）要牢记往上风口跑，就是逆着风跑。由于隧道内形成了一个天然"卧"着的通风烟囱，里面本来就有空气流动，如果此时顺风逃生，将会被毒烟雾气追上造成伤亡。

二、水路交通突发事件

81. 什么是水路交通突发事件？

水路交通突发事件是指由水路运输事件、社会安全事件、公共卫生事件以及自然灾害引发的、造成或可能造成航道或港口出现中断、瘫痪、重大人员伤亡、财产损失、生态环境破坏和严重社会危害，以及由于社会经济异常波动等造成重要物资需要由交通运输主管部门提供水路应急运输保障的紧急事件。

82. 水路交通突发事件分为几级?

水路交通突发事件按照其性质、严重程度、可控性和影响范围等因素，一般分为四级：Ⅰ级（特别重大）、Ⅱ级（重大）、Ⅲ级（较大）和Ⅳ级（一般）。

83. 水路交通突发事件等级如何确定?

水路交通突发事件按严重程度及影响范围划分为如下等级：

等级	突发事件的严重程度及影响范围
Ⅰ级 （特别重大）	●重要港口瘫痪或遭受灾难性损失； ●造成长江干线、珠江、京杭运河、黑龙江界河等重要干线航道发生长时间断航； ●造成特大人员伤亡，死亡失踪30人以上，或危及50人以上的生命安全； ●造成特大生态环境灾害或公共卫生危害； ●需要启动国家应急预案，调用本省和交通系统以外资源予以支援； ●对国家或区域的社会、经济、外交、军事、政治等产生重大影响
Ⅱ级 （重大）	●重要港口遭受严重损失，一般港口瘫痪或遭受灾难性损失； ●造成长江干线、珠江、京杭运河、黑龙江界河等重要干线航道发生严重堵塞；

续表

等级	突发事件的严重程度及影响范围
II级 （重大）	●造成重大人员伤亡，死亡失踪10人以上、29人以下，或危及30人以上、49人以下的生命安全； ●造成重大生态环境灾害或公共卫生危害； ●调用本省和交通系统资源能够控制； ●对本省社会、经济产生重要影响
III级 （较大）	●重要港口局部遭受严重损失，一般港口遭受严重损失； ●长江、珠江、京杭运河、黑龙江界河等重要干线航道发生较严重堵塞； ●造成较大人员伤亡，死亡失踪3人以上、9人以下，或危及10人以上、29人以下的生命安全； ●造成较重生态环境灾害或公共卫生危害； ●调用本行政区域内资源能够控制； ●对本行政区域内社会、经济产生重要影响
IV级 （一般）	●一般港口局部遭受严重损失； ●四级以上重要航道和界河航道发生断航或严重堵塞； ●造成一般人员伤亡，死亡失踪2人以下，或危及9人以下的生命安全； ●造成一般生态环境灾害或公共卫生危害； ●调用当地资源能够控制； ●对当地社会、经济产生重要影响

84. 水路交通突发事件应急预案适用于哪些情况？

水路交通突发事件应急预案适用于我国境内港口和航道发生的、涉及跨省级行政区划或超出事发地省级交通运输主管部门处置能力的水路交通突发事件，或由国务院责成的、需要由交通运输部负责处置的特别重大（Ⅰ级）水路交通突发事件的应急处置工作，以及需要由交通运输部提供水路交通运输保障的其他紧急事件。

85．水路交通突发事件应急预案体系如何构成？

结合水路交通突发事件分类分级，水路交通突发事件应急预案体系包括：国家的水路交通突发事件应急预案及各专项应急预案，地方的水路交通突发事件应急预案及各专项预案，以及港航企业的应急预案。

86．国家水路交通应急组织指挥体系的领导机构如何构成？

国家水路交通应急组织指挥体系的领导机构设在交通运输部，成立水路交通突发事件应急工作领导小组，由交通运输部部长任领导小组组长，分管部领导任副组长，相关业务司局主要领导为成员。领导小组主要职责包括：

（1）审定交通突发事件应急预案及其相关政策、规划；

（2）审定交通突发事件应急经费预算；

（3）确定交通重大应急科研攻关；

（4）决定启动和终止Ⅰ级（特别重大）交通突发事件预警状态和应急响应行动；

（5）其他相关重大事项。

87．水路交通突发事件预警预防信息包括哪些？

水路交通突发事件预警预防信息包括：水路交通突发

事件风险源信息，可能诱发水路交通突发事件的自然灾害（如气象、海洋、水文、地质等）和社会安全事件、公共卫生事件等相关信息，以及需要提供水路交通运输保障的紧急事件信息。

88. 水路交通突发事件预警分为几级?

为便于对可以预警的突发事件进行预警，根据已经发生或潜在的水路运输事件、社会安全事件、自然灾害、公共卫生事件、紧急运输事件等对港口和航道可能造成的危害程度、紧急程度和发展态势等，水路交通突发事件预警级别分为特别严重（I级）、严重（II级）、较重（III级）和一般（IV级）四级，分别用红色、橙色、黄色和蓝色来表示。

89. 水路交通突发事件预警级别判断标准是什么？

水路交通突发事件预警级别判断标准如下：

预警级别	级别描述	颜色标示	发生可能性较大的事件情形
I级	特别严重	红色	●重要航道中断；重要通航设施特大损坏；重要港口瘫痪； ●水运能力遭受特别严重损失或秩序严重混乱且影响重大； ●特大人员伤亡、特大环境污染损害； ●关系国计民生的重要物资严重短缺
II级	严重	橙色	●重要航道严重堵塞；重要通航设施严重损坏；重要港口局部瘫痪； ●一般航道及通航设施通行中断；一般港口瘫痪； ●水运能力遭受严重损失或秩序混乱； ●重大人员伤亡、重大环境污染损害； ●关系国计民生的重要物资短缺
III级	较重	黄色	●重要航道堵塞；重要通航设施损坏；重要港口受损； ●一般航道堵塞；通航设施损坏严重；一般港口能力遭受较重损失； ●较重人员伤亡、较重环境污染损害； ●关系国计民生的短期物资供应紧张
IV级	一般	蓝色	●一般航道受阻；通航设施受损坏； ●港口受损、人员伤亡和环境污染损害较轻； ●关系国计民生的短期物资紧缺

90. 什么情况下可以发布水路交通突发事件Ⅰ级预警?

当发生下列情况之一时，发布Ⅰ级预警：

（1）国家气象部门发布Ⅰ级气象灾害预警或多个省级气象部门发布Ⅱ级及以上气象灾害预警信息，可能威胁港口、航道、通航设施的安全运行，导致港口停产、航道封航，需要48小时及以上时间才能恢复正常，严重影响地方经济社会的正常运行时；

（2）根据《国家防汛抗旱应急预案》《国家地震应急预案》《风暴潮、海啸、海冰灾害应急预案》及其他相关国家应急预案，各应急预案应急指挥机构发布Ⅰ级预警，可能威胁港口、航道、通航设施安全运行时；

（3）水路交通突发事件应急指挥中心办公室接警并核实，港口、航道发生特别重大水路安全生产事故、通航事故、施工事故等，导致或可能导致重要航道中断、重要通航设施特大损坏、重要港口瘫痪，需要48小时及以上时间才能恢复正常，严重影响地方经济社会的正常运行时；

（4）接到国务院的重要物资紧急运输指令时；

（5）发生重要物资短缺等可能严重影响经济运行和人民正常生活，超出省级水路交通运输能力，且交通运输部接到事发地省级交通运输主管部门的援助请求时。

91. 发布水路交通突发事件Ⅰ级（特别重大）预警信息的程序是怎样的?

交通运输部负责Ⅰ级（特别重大）水路交通突发事件的预警信息发布。发布程序如下：

（1）水路交通应急指挥中心办公室接到报警信息，经分析、核实，符合Ⅰ级（特别严重）预警条件，应向水路交通应急指挥中心提出Ⅰ级预警建议。

（2）经交通突发事件应急工作领导小组同意后，由水路交通应急指挥中心签发Ⅰ级（特别严重）预警启动文件，各应急工作组进入待命状态；同时报国务院。

（3）Ⅰ级预警启动文件签发后1小时内，由水路交通应急指挥中心办公室向各级地方水路交通应急机构下发；地方水路交通应急机构接到预警信息后，应按照应急预案及时研究确定应对方案，并通知有关部门、单位采取相应预警预防行动。

（4）根据需要，水路交通应急指挥中心办公室及时将Ⅰ级预警信息通报应急协作部门；同时，如需要，经交通突发事件应急工作领导小组确定后，由新闻宣传组负责联系新闻媒体，向社会发布预警信息。

（5）水路交通突发事件预警信息包括：可能发生的突发事件类别、起始时间、预警级别、可能影响范围、影响估计及应对措施、警示事项、群众自防自救措施、发布机关等；发布Ⅰ级（特别严重）红色预警信息后，水路交通突发事件应急预案自动启动。

（6）水路交通应急指挥中心办公室应立即开展应急监测和预警信息专项报送工作，随时掌握并报告事态进展情况，形成突发事件动态报告制度。

92. Ⅱ级（重大）及以下水路交通突发事件预警信息发布程序是怎样的？

Ⅱ级（重大）及以下水路交通突发事件由地方各级

水路交通应急指挥机构根据各自的职责发布相应级别的预警信息。预警信息发布程序，可参照Ⅰ级预警信息发布程序，结合当地实际，自行确定；同时，在预警过程中如发现事态扩大，超出本级处置能力，应及时上报上一级应急指挥机构，建议提高预警等级。

93. 水路交通突发事件应急响应分为几级？

水路交通突发事件应急响应根据突发事件的级别，分为Ⅰ级、Ⅱ级、Ⅲ级和Ⅳ级四个响应等级。水路交通应急指挥中心负责Ⅰ级或国务院责成处理的水路交通突发事件的应急响应的启动和发布；省级水路交通应急指挥机构负责Ⅱ级应急响应的启动和发布，市级水路交通应急指挥机构负责Ⅲ级应急响应的启动和发布，县级水路交通应急指挥机构负责Ⅳ级应急响应的启动和发布。

94. 水路交通突发事件需要重点采集的信息包括哪些？

（1）事件现场位置、事件性质、事件发生原因、时间、影响范围及发展态势，事故港口和航道的名称、设施及装卸储运情况和联系方式。

（2）事件造成的破坏、损失、人员伤亡等情况。

（3）是否有危险品、是否可能发生起火爆炸、泄漏等潜在危险及已采取的措施。

（4）到达现场进行处置的单位、人员及组织情况；已经采取的措施、效果，已发出的援助要求和已开展救援活动的时间、设备、联系人等。

（5）现场环境情况及近期动态预报，包括风向风力、涌浪大小、冰情、能见度、潮汐、水流流速和流向等。

95. 水路交通突发事件处置过程中，应如何做好人员疏散撤离工作？

受到突发事件及其衍生危险威胁的人员应当尽快疏散、撤离到安全地带。应急指挥机构要密切监视险情，及时上报，并做好疏散、防护、安置工作，或向上级指挥机构提出意见、请示。如果危险已减轻，则允许撤离人员重新进入现场；如果险情加剧，危及现场人员及附近居民，应进行局部疏散。

如果需要大规模疏散居民，应由当地各级政府负责，拟订撤离计划，确定撤离路径、备用路线及交通工具、车流量控制、疏散目的地的接纳条件、通知撤离方式，告诉有关人员自身保护的注意事项或预防措施，及时公开相关信息，保持社会秩序及公众情绪稳定。

第三章

三、海上突发事件

96. 什么是海上突发事件？

海上突发事件是指船舶、设施在海上发生火灾、爆炸、碰撞、搁浅、沉没，油类物质或危险化学品泄漏以及民用航空器海上遇险造成或可能造成人员伤亡、财产损失的事件。

97. 海上突发事件险情是怎样分级的？

根据国家突发事件险情上报有关规定，结合海上突发事件的特点及突发事件对人命安全、海洋环境的危害程度和事态发展趋势，将海上突发事件险情信息分为特大、重大、较大、一般四级。

98. 国家海上搜救应急指挥机构包括哪些？

国家海上搜救应急指挥机构包括中国海上搜救中心及地方各级政府建立的海上搜救机构。沿海及内河主要通航水域的各省（区、市）成立以省（区、市）政府领导任主任，相关部门和当地驻军组成的省级海上搜救机构。根据需要，省级海上搜救机构可设立搜救分支机构。

99. 海上应急救助力量包括哪些？

海上应急救助力量包括各级政府部门投资建设的专业

救助力量和军队、武警救助力量，政府部门所属公务救助力量，其他可投入救助行动的民用船舶与航空器，企事业单位、社会团体、个人等社会人力和物力资源。

100. 海上应急预警信息包括哪些？

海上应急预警信息包括气象、海洋、水文、地质等自然灾害预报信息；其他可能威胁海上人命、财产、环境安全或造成海上突发事件发生的信息。预警信息监测部门根据各自职责分别通过信息播发渠道向有关方面发布气象、海洋、水文、地质等自然灾害预警信息。

101. 如何拨打海上遇险报警电话？

沿海近岸或内河船舶通过电话报警是最直接的方式。船舶遇险后可拨打海上险情专用报警电话"12395"或者当地海上搜救机构、海事机构值班电话。如误报警或险情消除应及时取消报警，恶意报警将承担相应的法律和经济责任。

102. 海上突发事件报警者尽可能提供哪些信息？

（1）船舶或航空器的位置，主要尺度、重要标志，所有人、代理人、经营人、承运人；

（2）遇险人员的数量及伤亡情况；

（3）载货情况，特别是危险货物，货物的名称、种类、数量；

（4）事发直接原因、已采取的措施、救助请求；

（5）事发现场的气象、海况信息，包括风力、风向、流向、流速、潮汐、水温、浪高等。

103. 海上遇险报警和求救方式有哪些？

沿海船舶最常见的是利用甚高频无线电话（VHF）、卫星应急无线电示位标（EPIRB）、甚高频数字选择性呼叫（VHF DSC）以及移动电话向附近船舶、航空器或岸上发出求救信号。内河船舶通常使用移动电话或者甚高频无线电话进行遇险报警。

一般由船长作出险情判断并下令报警。此外，水上遇险还可以通过发射烟火信号、晃动或者闪烁手电筒等方式向近距离的船舶或人员报警求救。

104. 海上事故中落水者应注意什么？

（1）为保存体温和体力，弃船时应多穿保暖防水的衣服，将头、颈、手、脚遮护好，把袖口、裤管口、腰带等扎紧。

（2）落水后不应做不必要的游泳，并应采取国际上通用的"HELP"姿势，蜷缩双腿，保存体力。浮于水面等待救援。

105. 处置客船碰撞险情时应注意什么？

客船因载运有众多旅客，如发生碰撞事故可能造成重大人员伤亡，因此，应注意以下事项：

（1）船舶碰撞后，若船长无法判明受损后船舶状况进而对船舶是否有沉没危险作出明确判断时，搜救机构应按照船舶有沉没危险组织处置；

（2）责任辖区搜救协调员应立即核实船上旅客、乘务员、船员的总人数、国籍及人员伤亡情况；

（3）责任辖区搜救协调员应指导船上工作人员稳定旅客情绪；

（4）在协调搜救力量时，应考虑有足够的搜救力量安全转移旅客。

106. 船舶发生火灾时通常应采取哪些自救措施？

船舶自身配有一定的灭火设施设备，船员接受过消防培训和参加平日的消防演习，具有较强的消防能力，因此，船舶发生火灾后，主要通过自身的消防力量灭火，通常应采取以下措施进行自救。

组织全体船员按"应变部署表"所指派的任务、分工，携带消防器材迅速赶赴现场（或指定地点）待命，机舱应立即做好启动消防泵和应急消防泵的准备。大副（如机舱着火由轮机长）抵达现场后，应迅速查明情况，需要时立即派出熟悉情况的两名探火员，身着消防员装备携带必要的消防用具在其他消防员的掩护下进入火场，探明以下情况：火场内是否有伤亡和受困人员；火灾的特点，包括火源位置、燃烧物的名称、特性、火势大小及蔓延方向（货舱起火，应了解着火货舱及邻近货舱货物情况，有无危险品处于火灾威胁中）；火场情况，包括通向火场的门窗、通风设备是否已关闭，电源是否切断。

把探明的火情报告船长，按船长指令迅速组织、指挥全体消防人员进行抢救。机舱发生火灾时，轮机长在采取灭火措施前，应组织机舱人员做好隔离火场，停止机舱风机、燃油泵运转，关闭火场附近燃油舱柜速闭阀，滑油柜速闭阀，关闭机舱天窗和通风挡板，保护好机电设备，尽力保持发电机正常供电，必要时启用应急发电机。

如火势严重，凭自身能力无法控制火势，船舶又处在港区或沿岸附近水域，可向搜救机构报警请求外力救援。

107. 船舶发生火灾时，船员应急时应注意哪些事项？

船舶发生火灾船长应调整船舶航向，使船舶着火部位处于下风，根据不同的火灾性质使用相应的灭火器材灭火；采用水灭火时一定要注意排水，防止因灌水过多形成自由液面造成船舶稳性丧失或储备浮力不足，导致船舶倾覆或沉没；在船舶无法控制火势时，要尽快撤离火场，切断风、油供应；封舱灭火前应清点人数，保持封闭场所所有通风设备关闭，保证向封闭场所一次性释放足够量的二氧化碳；封舱灭火期间注意冷却火场周围，监测火场周围温度，封舱要保证足够的时间，一般保证在24小时以上，如果是煤、棉花等易隐燃的货物封舱时间要有所延长。

如果船上有大批旅客，还应适时将旅客转移到船舶上风处，对受伤人员要及时给予应急处理。如果所有消防设备难以控制火势，应做好各项弃船前的准备工作。

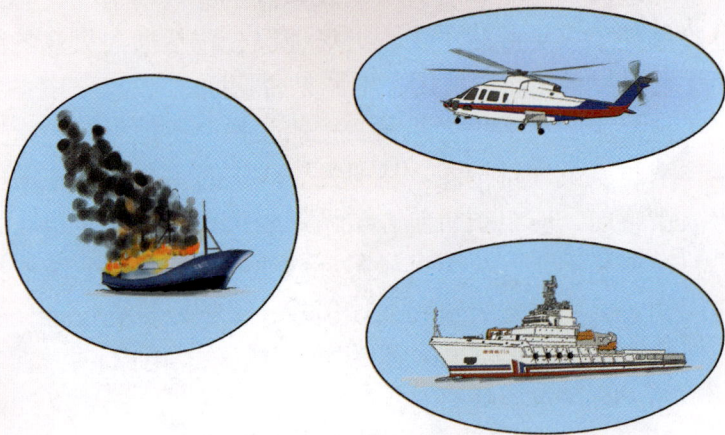

108. 开展江河干线流域落水人员搜救行动有哪些注意事项？

一般情况下，按照"先发现先救，体力不支者或不会游泳者先救，伤病员先救，无救生器材先救，由近及远"的原则开展救援行动。首先迅速了解人员遇险基本信息（时间、水域、数量、身份、遇险原因等），确认搜寻的方向。其次，综合考虑人员落水地点的水流流向、流速、河道走势、周围支汊河道分布、船舶设施分布、遇险船舶漂浮物等因素，决定搜寻的范围和重点水域；迅速通过

VHF播发遇险信息，组织协调附近水域的社会船舶参与搜救，并及时发出航行警告，就近调派海事机构海巡艇迅速赶赴现场，成立现场指挥部，必要时通知沿江政府协助搜寻。搜救工作通常采用多船分段分片方式同时搜寻，主要利用目测、望远镜、探照灯、红外搜寻设备等方式发现落水者。搜寻到落水人员后，一般采用下风下游侧靠近落水人员、抛投救生浮具、救援人员直接下水救人等方式，人员被救助上船后应马上进行必要的简单救治处理（如止血、骨折部位简单固定、保暖、通知家人心理鼓励等），并尽快联系医疗机构或救护车，送其接受检查治疗。

109. 船舶发生碰撞后通常应采取哪些应急措施？

船舶发生碰撞后，船长令大副或轮机长迅速查明碰撞部位的损坏程度、有无进水、污染和人员伤亡等，判明船舶受损状况（如破舱稳性/抗沉性）报告船长。轮机长确保主辅机正常运转，指派有关人员检查机舱、设备受损情况，准备应急发电机和应急排水设备，以备随时使用，一旦发现机舱船壳部位破损进水，尽力保持船舶电站正常供电，保护电气设备不受损坏，同时根据进水情况使用舱底水系统或应急排水系统排水，组织堵漏抢险。

船舶发生碰撞，当一船嵌入另一船体时，船体将被撞出大洞，浸水可能波及两个舱区而导致沉没。发生这种紧急情况，如海面平静，撞入船切不可退出，可微进车以利用船首塞住破洞，使双方能争取时间关闭水密门，排水堵漏。为防止船首自洞中滑出可系上缆绳，如附近有浅滩，可开车顶住破洞将船推向浅滩处坐浅。操纵船舶使破洞一舷放在下风以减少进水，立即组织人员开足水泵排水和堵漏，关闭有关的水密门窗，封堵受损舱柜的测量管口及透气管口，以延缓和阻止舷外海水继续涌入。当破损严重，大量海水涌入，可能导致船舶沉没、倾覆，条件许可时，可选择适当的浅滩迅速抢滩施救。因碰撞引起油污染时，应迅速查明破损部位、程度与油舱相邻舱柜液位变化，封堵受损舱柜的测量管及透气口，延缓和阻止舷外海水继续涌入，并按《船上油污应急计划》采取应急措施，同时报告主管当局。当对方船舶处于危急状态，而本船并无严重危险时，应停留在事故地点附近，使用本船救生设备，尽力抢救对方船员。如本船情况紧急，船长可要求对方给予援助或请求附近第三方的援助，或通过港口主管机关或代理向国内、国际救助组织请求援助。船舶受损严重，经全力抢救无效，船舶陷入极端危险状态，随时有沉没、倾覆等危险不得不弃船时，船长有权按其专业判断并综合各种情况作出最佳选择或作出弃船决定。

110. 船舶失控通常应采取哪些应急措施？

在航行中发生主机、舵机或电源突发性故障，导致船舶丧失操纵能力的紧急情况下，若发生在船舶进出港时或处于狭水道，船长应根据余速、附近水深、潮流、有无对遇船舶、本船冲程等因素综合考虑，尽可能让出主航道，适时抛锚或请求港口拖轮给予合作，引船向宽阔水域漂航或锚泊，以待修复，使用VHF发布通告，提醒来往船舶注意；显示船舶失控号灯、号型。

第三章 / 事故灾难类交通运输突发事件应急管理

111. 处置翻扣船舶注意事项有哪些?

船舶因装载不当或遭遇大风浪袭击等造成短时间内翻扣时,船员往往来不及释放救生工具和穿上救生衣、保温服等,甚至来不及逃出船舱而随船被困,遇险船员处于极度危险中,救助此类遇险船舶上的人员应注意以下事项:

(1)责任辖区搜救机构应迅速协调最近的专业救助力量、过往船舶实施水面搜寻,并尽快组织专业救助力量对翻扣船舶进行探摸,通过敲击船体、潜水探摸等方式搜寻失踪人员。

(2)对于确认船内存在遇险人员的翻扣船舶,通过获救船员了解船舶翻扣前其他人员所处的位置,确定船员是否有时间逃生,要及时实施切割探摸作业。

(3)在切割船舶(如船底开洞)救人时,要注意开口的位置,如果在油舱附近,应注意防止发生爆炸,开孔前,要确认船舶是否稳定,必要时,由浮吊固定好,防止船舶沉没。开孔前一定要做好防爆防沉准备。

(4)如现场条件许可,可将翻扣船舶拖带到附近浅滩上待船舶搁浅后救出被困人员或进行切割救人。

112. 船舶发生搁浅或触礁后通常应采取哪些应急措施?

当船舶发生搁浅或触礁时,应悬挂或显示相应信号,并立即查明下列情况:

(1)搁浅/触礁时间和船位;

(2)搁浅部位及方向和船身倾斜度数;

(3)船舶六面水尺;

（4）船体周围水深与底质；

（5）测量各压载水舱、淡水舱、油舱及污水舱，仔细观测变化情况；

（6）气象、潮汐与海况；

（7）船体破损进水部位及进水情况；

（8）推进器和舵设备及其他机械有无受损情况；

（9）主机盘车检查、测量搁浅或触礁前后的主机曲轴拐挡差；

（10）排水泵及系统的可用情况；

（11）污染情况；

（12）将主机、辅机冷却水进口阀改用高位。

113. 如何处置发生在搜救责任区交界处的险情？

（1）报警者所提供的险情发生地的具体位置能明确在哪个搜救机构责任水域内的，由该责任搜救机构负责组织处置，即便随后遇险船舶和人员漂流到另一方搜救责任水域。需要另一方搜救机构援助时，由上级搜救机构协调。

（2）报警者只能提供险情发生的大概范围，不能确定是在哪个搜救机构责任区内的，由先接警的搜救机构一方负责险情处置，待明确后移交给责任辖区的搜救机构，或由上级搜救机构指定负责组织处置的搜救机构，必要时另一辖区搜救机构予以协助。

114. 接到遇险报警后搜救值班员第一时间要了解哪些信息？

各级海上搜救机构接到遇险报警后，搜救值班员应立即对所获取的信息进行核实，判断报警信息的真实性、可靠性，并根据核实的险情信息初步评估险情等级。接警的值班员应尽可能了解详细信息，主要有：

（1）报警人的信息和信息来源；

（2）当事船舶/航空器/遇险者的信息；

（3）险情或事故发生的时间、地点和事故类型；

（4）当事船舶或航空器受损情况、人员伤亡情况；

（5）当事船舶或航空器的遇险状况和现状；

（6）载货情况；

（7）海域状况（风、浪、气温、水温等）；

（8）附近其他船舶状况；

（9）当事船舶/航空器/人员的救助请求。

115. 险情信息核实有哪些途径？

险情信息核实的主要途径如下：

（1）直接与遇险船舶、航空器联系；

（2）与遇险船舶、航空器所有人、经营人、承租人或代理人联系；

（3）向遇险船舶航空器始发港或目的港查询、核实；

（4）通过现场附近的过往船舶、人员或知情者查询；

（5）查核船舶卫星示位标数据库信息；

（6）向我国其他搜救中心核实；

（7）向中国船舶报告中心核实；

（8）通过船舶交通管理系统核实；

（9）派出搜救力量到现场核实；

（10）通过国际组织或国外搜救机构核实。

116. 接到船舶碰撞报警应着重了解哪些信息?

（1）当事船舶受损情况：受损部位、受损程度（包括船舶操纵设备的受损程度）；

（2）航行能力及危险程度，是否有沉没危险；

（3）存油数量，是否漏油及泄漏数量；

（4）所载货物是否会对环境造成污染。

117. 接到船舶沉没报警应着重了解哪些信息?

（1）沉没的时间、地点；

（2）沉没的初步原因；

（3）船员人数、是否穿戴救生衣和是否撤离到救生艇（筏）上；

（4）海域状况（风、浪、气温、水温等）；

（5）载货情况（名称、种类、数量）；

（6）船舶存油情况及管路阀门是否封闭。

时间、地点
原因　载货情况
人数　海况

118. 接到人员伤病报警应着重了解伤员的哪些信息？

详细询问具体人数、伤员性别和年龄、病情程度及症状、国籍，已采取的应急措施，是否需要远程医疗指导或人员转送。

119. 险情处置过程中应着重记录与收集哪些信息？

（1）要注意做好处置过程的记录，特别是重要时间节点，建立完整的险情处置档案，以备后查；

（2）责任辖区搜救机构在险情处置过程中，要注意及时收集上报不同角度、不同过程的险情现场照片，供领导决策使用。

120. 如何处置船舶航行中事故性溢油？

（1）责令事故责任方根据船上溢油应急反应程序和应变部署表立即采取一切必要的防范措施，如采取堵漏、驳油、防火、灭火等防止溢油继续溢漏和可能引发的火灾。

（2）要求船方及时与外界船舶联络，向周围其他船舶发出报警信号，并在船舶与船舶之间，船舶与海岸电台之间连续依次联络。

（3）根据事故发生地当时的潮流、风向风速等，利用溢油模型预测溢油漂移扩散的去向、数量和范围。对溢油和溢油周围水域、沿岸进行监测。

（4）评估可能受到威胁的环境敏感区和易受损资源

以及需要保护的优先次序，对可能受威胁的环境敏感区和易受损资源采取保护措施。

（5）一个搜救责任区内的应急队伍和设备不能满足溢油反应需要时，可请求其他国家或地区给予相关支援。

121. 如何处置船舶港内溢油？

（1）首先要了解该船所载货油的理化特性，为后期应急处置提供依据；

（2）责令事故责任方根据船上溢油应急反应程序和应变部署表立即采取一切必要的防范措施，如采取停止操作、关闭阀门、堵漏、防火、灭火等防止溢油继续溢漏和可能引发的火灾；

（3）发出报警信号，向港口当局通报应急情况；

（4）评估本地区应急反应的人力、设备、器材是否能满足应急反应的需要，是否需要其他地区支援；

（5）派遣船艇对溢油周围实行警戒或实行交通管制，监视溢油的扩散，必要时，实行飞机空中监视；

（6）制订应急反应对策方案，调动溢油应急防治队伍和应急防治船舶、设备、器材等必要的后勤支援；

（7）组织协调海事、港务、救捞、船公司、环保、公安、消防等相关部门投入应急行动；

（8）制订溢油应急清除作业方案。

122. 内河客渡船航行应注意哪些安全事项？

（1）需经过船舶检验部门检验、海事管理机构登记，取得相应的证件、证书后，方可投入渡运；

（2）配备必要的航行安全设备，并保持技术状态良好；

（3）应当有符合国家规定的识别标志；

（4）船员配备要满足船舶最低配员要求，并持有有效的适任证书；

（5）要按照规定的路线渡运；

（6）不超过乘客定额载客，不得超载；

（7）航行中正确显示渡船专用标志及信号，主动与他船保持联系，并主动避让。不得抢航或者强行横越；

（8）遇有洪水或者大风、大雾、大雪等恶劣天气，应停止渡运；

（9）高速客船从事渡运服务以及不具备夜航技术条件的渡船，不得夜航。

123. 农用船舶航行时应注意哪些安全事项？

（1）不从事载客及其他水上营运性运输；

第三章

（2）夜间及大风大雾等恶劣天气下不冒险航行；

（3）饮酒后不得驾驶船舶；

（4）不随便进入航道和不熟悉的水域，不妨碍他船航行；

（5）载重不宜过大，保持足够的稳性；

（6）遇有风浪、急流和不正常的水流时，要避免突然使用急舵或满舵快车；

（7）一旦发生险情要及时采取自救措施并报警。

四、城市客运突发事件

124．城市地铁企业事故灾难应急机构由哪些人员组成？

城市地铁企业应建立由企业主要负责人、分管安全生产的负责人、有关部门参加的地铁事故灾难应急机构。

125．城市地铁火灾应急响应措施有哪些？

（1）城市地铁企业要制定完善的消防预案，针对不同车站、列车运行的不同状态以及消防重点部位制定具体的火灾应急响应预案。

（2）贯彻"救人第一，救人与灭火同步进行"的原则，积极施救。

（3）处置火灾事件应坚持快速反应的原则，做到反应快、报告快、处置快，把握起火初期的关键时间，把损失控制在最低程度。

（4）火灾发生后，工作人员应立即向"119"、"110"报告。同时组织做好乘客的疏散、救护工作，积极开展灭火自救工作。

（5）地铁企业事故灾难应急机构及市级地铁事故灾难应急机构，接到火灾报告后，应立即组织启动相应应急预案。

126. 城市地铁地震应急响应措施有哪些？

（1）地铁企业事故灾难应急机构及市级地铁事故灾难应急机构，接到地震报告后，应立即组织启动相应应急预案。

（2）市级地铁事故灾难应急机构及地铁企业负责制订地震应急预案，做好应急物资的储备及管理工作。

（3）发布破坏性地震预报后，即进入临震应急状态。省级人民政府建设主管部门采取相应措施：

①根据震情发展和工程设施情况，发布避震通知，必要时停止运营和施工，组织避震疏散；

②对有关工程和设备采取紧急抗震加固等保护措施；

③检查抢险救灾的准备工作；

④及时准确通报地震信息，保护正常工作秩序。

（4）省级人民政府建设主管部门及时将灾情报有关部门，同时做好乘客疏散和地铁设备、设施保护工作。

127. 城市地铁爆炸应急响应措施有哪些?

（1）迅速反应，及时报告，密切配合，全力以赴疏散乘客、排除险情，尽快恢复运营；

（2）地铁企业应针对地铁列车、地铁车站、地铁主变电站、地铁控制中心，以及地铁车辆段等重点防范部位制订防爆措施；

（3）地铁内发现的爆炸物品、可疑物品应由专业人员进行排除，任何非专业人员不得随意触动；

（4）地铁爆炸案件一旦发生，市级建设主管部门应立即报告当地公安部门、消防部门、卫生部门，组织开展调查处理和应急工作；

（5）地铁企业事故灾难应急机构及市级地铁事故灾难应急机构，接到爆炸报告后，应立即组织启动相应应急预案。

128. 城市地铁大面积停电应急响应措施有哪些?

（1）地铁企业应贯彻预防为主、防救结合的原则，重点做好日常安全供电保障工作，准备备用电源，防止停电事件的发生；

（2）停电事件发生后，地铁企业要做好信息发布工作，做好乘客紧急疏散、安抚工作，协助做好地铁的治安防护工作；

（3）供电部门在事故灾难发生后，应根据事故灾难性质、特点，立即实施事故灾难抢修、抢险有关预案，尽快恢复供电；

（4）地铁企业事故灾难应急机构及市级地铁事故灾难应急机构，接到停电报告后，应立即组织启动相应应急预案。

129. 城市地铁应急情况报告的基本原则是什么？

（1）快捷：最先接到事故灾难信息的单位应在第一时间报告，最迟不能超过1小时。

（2）准确：报告内容要真实，不得瞒报、虚报、漏报。

（3）直报：发生特别重大事故灾难，要直报领导小组办公室，同时报省、市地铁事故灾难应急机构。紧急情况下，可越级上报国务院，并及时通报有关部门。

（4）续报：在事故灾难发生一段时间内，要连续上报事故灾难应急处置的进展情况及有关内容。

130. 城市地铁应急情况报告包括哪些内容？

（1）事件单位的名称、负责人、联系电话及地址；

（2）事件发生的时间、地点；

（3）事件造成的危害程度、影响范围、伤亡人数、直接经济损失；

　　（4）事件的简要经过；

　　（5）其他需上报的有关事项。

131. 城市地铁应急情况报告程序是怎样的?

　　地铁事故灾难发生后，现场人员必须立即报警，并报告地铁企业应急机构。有关部门接到报告后，应迅速确认事故灾难性质和等级，立即启动相应的预案，并向上级地铁应急机构报告。

132. 城市地铁事故灾难发生单位、属地政府及其相关行政主管部门接报后应采取哪些措施?

　　（1）迅速采取有效措施，组织抢救，防止事故灾难扩大；

　　（2）严格保护事故灾难现场；

　　（3）迅速派人赶赴事故灾难现场，负责维护现场秩序和证据收集工作；

　　（4）服从地方政府统一部署和指挥，了解掌握事故灾难情况，协调组织事件抢险救灾和调查处理等事宜，并及时报告事态趋势及状况。

133. 乘坐地铁时应注意哪些事项?

　　（1）严禁携带易燃、易爆、有毒危险品进站；

　　（2）地铁车站与车厢全部区域均为禁烟区域，乘客不要在地铁范围内吸烟；

　　（3）若乘坐地铁时出现紧急情况，请立即通知车站工作人员或通过车上"紧急对讲按钮"向驾驶员反映，同时听从工作人员的指引，有序疏散；

（4）若发现地铁站或列车上有疑似易燃、易爆、有毒危险品时，请及时向地铁工作人员反映。

134. 乘坐地铁遇到突发事件应注意什么？

（1）运行时突然停电，原地听候广播解释和疏散。站台停电，原地听候广播解释和疏散，不要惊慌，听从工作人员指挥进行撤离。

（2）列车在隧道运行时停电，勿随便拉下"紧急开门手柄"，勿扒门、拉门或自行离开车厢进入隧道，要耐心等候救援。撤离时排成单行听指挥有序撤离，可用手机等随身物品取光照明。

（3）通过临时悬挂梯撤离，勿直接跳入隧道，防止受伤。车厢内发生事故，乘客在保证自身安全的前提下，应立即通过紧急对话装置向列车驾驶员报告，如遇紧急事故，要密切留意车上广播，在驾驶员和工作人员的指引下，冷静有序地撤离。

（4）列车发生碰撞事故，尽量远离门窗，趴下，低头，下巴紧贴胸前，抓住或紧靠牢固物体，车停稳后待工作人员宣告切断路轨电源方可下车。

（5）为地铁提供动力的接触轨道携带高压电，平行地安装在两条铁轨旁边，或站台侧面，如乘客不慎从站台坠落，要保持镇定，避免触电。

（6）乘客坠落后，如遇列车驶来，切勿趴在两条铁轨之间的凹槽，若时间准许身体应尽量紧贴站台对面一侧的墙壁（因带电的接触轨道通常在靠近站台一侧，待列车停稳后，由地铁工作人员进行救助。

135. 公交车驾乘人员发现易燃易爆物品泄漏怎样应急？

（1）立即靠边停车熄火开门，迅速疏散乘客；

（2）关闭电源、燃油、燃气总开关，劝阻周边群众不要吸烟；

（3）采取应急措施控制泄漏，取出灭火器做好扑救准备；

（4）拨打"110"、"119"报警，向单位主管上级报告；

（5）保护现场，控制住当事人，协助公安民警开展工作。

136. 公交车发动机起火时，驾乘人员怎样应急？

（1）立即靠边停车熄火开门（断电情况下使用应急

开门截气阀），迅速疏散乘客，抢救人员。

（2）关闭电源、燃油、燃气总开关。

（3）取出灭火器材，前置式发动机应从发动机底部和发动机盖缝隙处进行扑救；后置式发动机应打开后机舱门，对准起火点进行扑救。

（4）就近寻求帮助，同时拨打"119"报警，向单位主管上级报告。

137. 公交车内发现可疑爆炸物品时，驾乘人员怎样应急?

（1）立即靠边停车熄火，以"车辆发生故障"为由迅速疏散乘客；

（2）如乘客拒绝下车，应告知"车上发现可疑危险品"并组织疏散，同时尽可能留下乘客的联系方式；

（3）禁止触动可疑爆炸物品，关闭电源、燃油、燃气总开关；

（4）迅速拨打"110"报警，向单位主管上级报告；

（5）协助乘客换乘，防止群众围观。

138. 公交车发生火灾时乘客怎样应急?

要想方设法从车门和车窗迅速逃离，配有安全锤的公交车，可把小锤从架上取下，用尖的一头朝玻璃中部或指示位置敲打，待玻璃呈放射状裂开后用鞋底踢碎。如找不到安全锤，应想办法找出各种硬物，如用车载灭火器或皮带扣猛击玻璃，或者用女同志的高跟鞋击打钢化玻璃的四周，等出现裂痕后，再用鞋底踢开，尽快逃离。

139. 公交车发生火灾时乘客怎样利用逃生窗逃生?

部分公交车尾部的车窗是活动的，如果情况非常紧急，坐后排的乘客可以从此车窗逃生;公交车顶部还有两个逃生窗口，转动上面的红色按钮，用力外推，即可变成逃生窗。在无法够到逃生窗时，车内人员应相互帮助，先将一人托举出去，再通过上下接力，将被困人员救出车厢。

五、公路水运工程安全事故应急管理

140. 公路水运工程生产安全事故一般分为几级?

按照人员伤亡、涉险人数、经济损失等因素，一般分为如下四级：

事故级别	死亡失踪人数	涉险人数	重伤（或急性中毒）人数	经济损失（万元）
特别重大（Ⅰ级）	30及以上	30及以上	100及以上	10000及以上
重大（Ⅱ级）	10~29	10~29	50~99	5000~10000之间
较大（Ⅲ级）	3~9	3~9	10~49	1000~5000之间
一般（Ⅳ级）	1~2	1~2	1~9	1000以下

141. 公路水运工程建设项目生产安全事故应急预案包括哪些内容?

公路水运工程建设项目生产安全事故应急预案包括项目总体应急预案、合同段应急预案（包括现场处置方案）、危险性较大工程的专项应急预案。在项目开工前，按照交通运输部及地方公路水运工程生产安全事故应急预案的要求，建设单位根据自然环境、工程规模和自身条件，制订本项目总体应急预案；施工单位根据建设单位的总体预案，结合工程特点、施工工艺、地质、水文和气候等实际情况，编制合同段应急预案，以及危险性较大工程的专项应急预案，经监理单位审查后报建设单位备案。

142. 公路水运工程生产安全事故应急组织体系是怎样构成的?

公路水运工程生产安全事故应急组织体系由国家部门级（交通运输部）、地方部门级（省、市、县三级交通运输主管部门）、项目级（各公路水运工程项目参建单位）三级应急组织机构构成。

143. 公路水运工程事故发生后，事发地项目施工单位应怎样做?

事发地项目施工单位按规定上报事故，并立即启动本合同段应急预案。在公安、消防、卫生等专业抢险力量到达现场前，项目建设单位应立即启动本项目总体应急预案，立即组织有关应急救援队伍和工作人员营救遇险人员，疏散、撤离、安置受到威胁的人员，控制危险源，标明危险区域，封锁危险场所，并采取其他防止危害扩大的必要措施，妥善保管有关物证，并按照规定及时报告。当上级政府、部门负责现场指挥救援工作时，项目建设、施工、监理等单位应积极听从指挥，做好抢险救援、现场取证、道路引领、后勤保障、秩序维护等协助处置工作。

144. 公路水运工程事故信息报送流程是怎样的?

生产安全事故发生后，事发地施工单位应立即向建设单位、项目主管交通运输主管部门和当地安全监督管理部门报告，并上报至地方人民政府及有关部门，必要时可以越级上报。事发地省级交通运输主管部门应按照《交通运输行业建设工程生产安全事故统计报表制度》要求，向交通运输部安全与质量监督管理司报告。同时，对于造成或可能造成10人（含）以上死亡或失踪，或5000万元以上直接经济损失的事故应按照《交通运输突发事件信息报告和处理办法》有关规定，报交通运输部应急值守机构即中国海上搜救中心，由其处理后报部领导和相关司局。有关涉水险情发生后，事发地施工单位立即向当地海上搜救机构、海事部门报告。当发生重大（Ⅱ级）以上海上险情时，向当地海上搜救中心、海事部门报告的同时向中国海上搜救中心报告。

145. 公路水运工程生产安全事故应急响应分为几级？

公路水运工程生产安全事故应急响应分为Ⅰ、Ⅱ、Ⅲ、Ⅳ，共四级。交通运输部负责Ⅰ级应急响应的启动和实施，事发地省级交通运输主管部门及事发项目参建单位予以配合。具体分为如下等级：

响应级别	对应的自然灾害类预警级别	事故发生后可能后果
Ⅰ级	Ⅰ级	1. 死亡（失踪）30人及以上； 2. 涉险30人及以上； 3. 可能造成100人及以上重伤（或急性中毒）； 4. 经济损失达10000万元及以上
Ⅱ级	Ⅱ级	1. 死亡（失踪）10～29人； 2. 涉险10～29人； 3. 可能造成50～99人重伤（或急性中毒）； 4. 经济损失达5000万～10000万元之间

响应级别	对应的自然灾害类预警级别	事故发生后可能后果
Ⅲ级	Ⅲ级	1. 死亡（失踪）3～9人； 2. 涉险3～9人； 3. 可能造成10～49人重伤（或急性中毒）； 4. 经济损失达1000万～5000万元之间
Ⅳ级	Ⅳ级	1. 死亡（失踪）1～2人； 2. 涉险1～2人； 3. 可能造成1～9人重伤（或急性中毒）； 4. 经济损失在1000万元以下

146. 公路水运工程事故应急评估包括哪些内容？

（1）事故起因、性质、影响、后果、责任；

（2）事故预警的及时和准确性、预防措施的有效性、应急决策的科学性、指挥和行动协调能力、应急保障能力、现场处置能力、危机公关能力、恢复重建能力；

（3）总结事故处置中的正面经验和负面教训。

147. 公路水运工程事故应急评估须遵循哪些程序？

（1）总结评估小组搜集评估信息；

（2）事故响应终止后，总结评估小组组织技术专家组召开评估会议，对评估信息汇总分析；

（3）技术专家组负责编写评估报告，并向总结评估小组提交评估报告。

148. 公路水运工程应急救援队伍如何构成?

公路水运工程应急救援队伍采取"专兼结合、联动反应"的机制开展应急保障工作。建设单位应发挥施工单位的自我救助能力,充分了解项目救援可调配的应急救援人力和物力,建立兼职的抢险救援队伍和救援设备力量。武警交通部队和公安、消防、矿山、应急抢险、医疗急救等队伍是社会专业抢险救援队伍,是项目救援的重要后备力量,应按照有关规定调动使用。

149. 公路水运工程生产安全事故技术专家如何构成?

技术专家力量主要由从事科研、勘察、设计、施工、监理、检测、监督、法律、安全等专业的技术专家组成,工作职责参照交通运输部技术专家组的职责要求,自行确定。

150. 公路水运工程生产安全事故应急管理力量如何构成?

交通运输主管部门的应急管理力量由各级交通运输主管部门的有关人员组成,接受并执行同级人民政府和上级交通运输主管部门的应急命令、指示,组织各有关单位对生产安全事故进行应急处置,与有关单位进行协调及信息交换和新闻发布。

项目建设单位的应急管理力量主要由项目建设单位的管理人员组成,接受并执行各级人民政府和交通运输主管部门的应急命令、指示,组织各项目参建单位对生产安全事故进行应急处置,与有关单位进行协调及信息交换。

Chapter **4**

第四章　公共卫生事件类交通运输突发事件应急管理

151. 公共卫生事件主要包括哪些内容?

公共卫生事件主要包括传染病疫情，群体性不明原因疾病，食品安全和职业危害，动物疫情，以及其他严重影响公众健康和生命安全的事件。

152. 突发公共卫生事件交通应急工作应遵循什么原则?

突发公共卫生事件交通应急工作应当遵循预防为主、常备不懈的方针，贯彻统一领导、分级负责、反应及时、措施果断、依靠科学、加强合作的原则，在确保控制重大传染病病源传播和蔓延的前提下，做到交通不中断、客流不中断、货流不中断。

153. 防范和处理重大传染病疫情突发事件交通应急预案包括哪些主要内容？

（1）突发事件交通应急处理指挥部的组成和相关机构的职责；

（2）突发事件有关车船、港站重大传染病病人、疑似重大传染病病人和可能感染重大传染病病人的应急处理方案；

（3）突发事件有关污染车船、港站和污染物的应急处理方案；

（4）突发事件有关人员群体、防疫人员和救护人员的运输方案；

（5）突发事件有关药品、医疗救护设备器械等紧急物资的运输方案；

（6）突发事件有关车船、港站、道路、航道、船闸的应急维护和应急管理方案；

（7）突发事件有关交通应急信息的收集、分析、报告、通报、宣传方案；

（8）突发事件有关应急物资、运力储备与调度方案；

（9）突发事件交通应急处理执行机构及其任务；

（10）突发事件交通应急处理人员的组织和培训方案；

（11）突发事件交通应急处理工作的检查监督方案；

（12）突发事件交通应急处理其他有关工作方案。

第四章

154. 车船上发现检疫传染病病人或者疑似检疫传染病病人，驾驶员或者船长应当采取什么措施？

（1）以最快的方式通知前方停靠点，并向车船的所有人或者经营人和始发客运站报告；

（2）对检疫传染病病人、疑似检疫传染病病人、可能感染检疫传染病病人以及国务院卫生行政主管部门确定的其他重大传染病病人、疑似重大传染病病人、可能感染重大传染病病人及与其密切接触者实施紧急卫生处理和临时隔离；

（3）封闭已被污染或者可能被污染的区域，禁止向外排放污物；

（4）将车船迅速驶向指定的停靠点，并将"旅客健康申报卡"、"乘运人员名单"移交当地县级以上地方人民政府交通运输行政主管部门；

（5）对承运过检疫传染病病人、疑似检疫传染病病人、可能感染检疫传染病病人以及国务院卫生行政主管部门确定的其他重大传染病病人、疑似重大传染病病人、可能感染重大传染病病人及与其密切接触者的车船和可能被污染的停靠场所实施卫生处理。

155. 承担重大传染病疫情应急处理紧急运输任务的道路运输经营者、水路运输经营者应当做好哪些工作？

（1）车船在装卸货物前后根据需要进行清洗、消毒或者进行其他卫生处理；

（2）有关运输人员事前应当接受健康检查和有关防护知识培训，配备相应的安全防护用具；

（3）保证驾驶员休息充足，不得疲劳驾驶；

（4）进入疫区前，应当采取严格的防护措施；驶离疫区后，应当立即对车船和随行人员进行消毒或者采取其他必要卫生处理措施；

（5）紧急运输任务完成后，交回《紧急运输通行证》，对运输人员应当进行健康检查，并安排休息观察。

156. 县级以上地方人民政府交通运输行政主管部门的哪些不当行为，应给予其主要负责人行政处分？

（1）未依照《突发公共卫生事件交通应急规定》履行报告职责，对突发事件隐瞒、缓报、谎报或者授意他人隐瞒、缓报、谎报的；

（2）未依照《突发公共卫生事件交通应急规定》组织完成突发事件应急处理所需要的紧急物资的运输的；

（3）对上级人民政府交通运输行政主管部门进行有关调查不予配合，或者采取其他方式阻碍、干涉调查的。

县级以上人民政府交通运输行政主管部门违反有关规定，造成传染病传播、流行或者对社会公众健康造成其他严重危害后果的，对主要负责人、负有责任的主管人员和其他责任人员依法给予开除的行政处分；构成犯罪的，依法追究刑事责任。

第四章

第五章　社会安全事件类交通运输突发事件应急管理

157. 社会安全事件主要包括哪些内容？

社会安全事件主要包括恐怖袭击事件、经济安全事件和涉外突发事件等。

158. 什么是恐怖活动？

恐怖活动是指以制造社会恐慌、危害公共安全或者胁迫国家机关、国际组织为目的，采取暴力、破坏、恐吓等手段，造成或者意图造成人员伤亡、重大财产损失、公共设施损坏、社会秩序混乱等严重社会危害性行为，以及煽动、资助或者以其他方式协助实施上述活动的行为。

159. 公共汽车发生爆炸类恐怖袭击突发事件后该如何应急避险？

（1）利用毛巾、衣物捂住鼻子；

（2）尽量弯腰、压低身体从车门口撤离；

（3）车门无法开启时，用车上备用的专用安全锤或鞋跟击碎就近的车窗玻璃，然后互相帮助，从车窗离开；

（4）如果受伤不能行动，也要时刻低头弯腰躲在座位后，捂住鼻子，发出求救信号。

160. 公共汽车发生恐怖劫持后该如何应急避险？

（1）乘客不要恐慌，保持顺从劫持者的姿态；不要试图跳窗逃跑，或激烈对抗；不要与劫持者争夺汽车转向盘。

（2）驾驶员一般听从劫持者指令行驶、停放汽车，停车时设法尽量远离加油站、易燃易爆物品所在地点、人群密集场所、重要设施场所等，设法停靠在有利于营救人员贴靠车辆上车营救的地方。

（3）乘客不要离开座位、起身，要抓牢把手或扶手。

（4）管好孩子，不要让孩子哭叫，引起劫持者的不满而伤害孩子。

（5）营救行动开始时，应当立即放低身体，躲避在座位靠背后面不要乱动。

（6）注意观察劫持者与营救人员的动态，按照营救人员的指引迅速有秩序撤离车辆。

161. 地铁发生恐怖劫持事件后该如何应急避险?

（1）不要叫嚷跑动，保持安静，原地不动，等待救援；

（2）不要触摸周围的东西，防止引爆炸弹；

（3）不要藏匿于地铁轨道内，不要贴着列车门站立，防止列车突然启动；

（4）无关人员迅速离开现场。

162. 地铁发生毒气恐怖袭击事件后该如何应急避险?

（1）不要惊慌，用手机或列车上的报警装置立即报警；

（2）利用随身携带的手帕、餐巾纸、衣物等用品堵住口鼻、遮住裸露皮肤，扎好领口、袖口、裤脚口，如果身边有水或饮料，请将手帕、餐巾纸、衣物等用品浸湿，堵住口鼻；

（3）屏息，避免急促的呼吸；

（4）听从工作人员指挥有秩序疏散；

（5）尽量朝着远离毒源的方向或者毒源的上风口处撤离；

（6）到达安全地点后，用水清洗身体的裸露部分。

163. 在地铁车厢内发生爆炸起火该如何应急避险?

（1）迅速报警。迅速按下列车报警按钮，使驾驶员在监视器上获取报警信号，并拉下紧急制动手柄，避免列车失控。

第五章

（2）及时灭火。利用车内的消防器材进行灭火，身上着火不要奔跑，就地打滚或用厚重衣物压灭。

（3）谨慎行动。在情况不明，列车还在运行期间，不要有拉制动手柄、砸窗、跳车等行为；最好先保护头部，原地蹲下。

（4）有序撤离。在隧道内疏散时，听从指挥，沉着冷静、紧张有序地通过车头或车尾疏散门进入隧道，向邻近车站撤离。

（5）科学防护。寻找简易防护物，如衣服、纸巾等，迅速用其捂鼻，采用弯腰姿势撤离。视线不清时利用手摸扶墙壁撤离。

（6）冷静判断。受到火势威胁时，不要盲目跟从人流相互拥挤、乱冲乱撞，要注意向明亮处或有新鲜空气的方向撤离。

（7）协助调查。注意观察现场的可疑人、可疑物，协助警方调查。

（8）熟悉环境。平时乘坐地铁时要注意熟悉环境，留心地铁的消防设施和安全装置的放置位置。

164. 接到船舶遭海盗袭击报警应详细了解哪些信息？

（1）报警人姓名、身份和联系方式，船舶当前所处的位置；

（2）船员人数、是否被劫持，船上是否有安全舱、船员是否进入安全舱等；

（3）船名、船籍港、船舶所有人或经营人、船舶种类和所载货物情况；

（4）劫持者人数、使用武器及相关情况；

（5）船舶事发港和目的港。

165. 如何处置船舶报告遇到海盗袭击事件？

确认船舶遭海盗袭击后，应立即报中共中央办公厅、国务院办公厅、外交部、总参谋部、蓝盾指挥所等有关部门，同时向其他护航部队寻求支持。相关信息及时报交通运输部领导并通报相关司局。一旦进入决策阶段，相关信息按机密处理。

166. 如何核实遭海盗劫持的外籍船舶上是否有中国籍船员？

（1）船舶资料不详的核实途径：通过电话、传真或Email等方式向国际海事局海盗报告中心和其他地区反海盗组织联系了解情况，确定被劫船舶上是否有中国籍船员；请国家安全部、总参谋部通过情报部门核实；通过驻外使馆核实。

（2）有船舶基本信息的外籍船舶核实途径：通过国际海事卫星登记系统查询船东联系方式向船东核实；向被劫船舶的船旗国搜救中心核实；通过交通运输部国际司向我驻船旗国使馆核实；请海事局（船员处）向外派中介公司查询，并核实；通过海军护航编队向在索马里沿岸执行护航、巡逻任务的相关国家护航舰艇核实。

此外，如被劫持的是我国香港、澳门或台湾地区船东所属船舶可直接向上述地区的海上搜救机构核实是否有我国大陆船员。

第六章
交通运输应急管理案例

>> 案例1

大连海域客滚班船"辽海"轮火灾应急处置

一、基本情况

2004年11月16日下午，航行于大连—烟台航线的客滚班船"辽海"轮在大连港三山岛附近海域突发火灾，险情发生时，"辽海"轮载客291人，船员49人，载车78辆，燃油舱内存有重油75吨、轻油15吨。在中国海上搜救中心的统一指挥下，辽宁省海上搜救中心迅速启动应急反应程序，协调组织各搜救力量迅速反应，在短时间内救起了遇险的全部291名旅客和49名船员，并将失火船由港口主航道拖至安全水域，及时扑灭大火，最后又将难船安全平稳靠妥预定码头，确保难船不爆不沉，未造成海域污染。

第六章

船舶自救

搜救中心应急响应

搜救行动

灭火

二、应急处置过程

（1）船舶自救

2004年11月16日13时30分许，"辽海"轮船上值班乘警发现上层汽车舱左前部有大量浓烟冒出，立即向驾驶台报告有关的情况，驾驶台接警后，船长立即拉响全船火警警报，减速并抛左锚两节入水；船员按照应变部署采取紧急灭火行动，但消防泵和喷淋泵未能有效启动。13时40分许，驾驶台断电，除VHF应急电源尚可使用外，雷达等助航仪及各控制设备全部停止工作，驾驶台与机舱失去联系，船舶失去控制。

（2）搜救中心应急响应

13时30分许，辽宁省海上搜救中心接到报警后，立即启动应急程序，迅速对险情进行评估，确定本次险情为特大险情，并按程序分别向中国海上搜救中心和辽宁省、大连市政府报告。同时，省海上搜救中心负责人员和应急处置相关部门及宣传、支持保障人员在最短的时间内全部进入指定岗位。依照"属地为主、分级管理"的原则，在北京——大连——现场之间迅即形成了一个由中国海上搜救中心、辽宁省海上搜救中心、现场指挥员组成的三级指挥网络。辽宁省海上搜救中心根据遇险船舶状态及当地水域情况，依据中国海上搜救中心"以救助人命为首要任务，全力灭火，减少损失"的指示，经过科学决策，迅速制订了人命救助以及灭火、控制污染等一系列救助方案。

（3）搜救行动

第一阶段：人命救助。

13时40分许，"海巡021"轮首先到达现场，并尝试从上风向难船靠近，观察现场情况：由于"辽海"轮上层汽车舱属开敞式,火灾蔓延极为迅速,汽车舱中的汽车油箱接连爆炸,进一步加剧了火势,大量浓烟从汽车舱内冒出,火势借着风势迅速向船头和船尾蔓延。遇险人员被大火分隔在船头和船尾,大批旅客涌向船舷准备跳海,旅客一旦大量跳海将极大增加人命救助的难度,形势极为严峻。如果不能及时控制火势,遇险人员将被火海吞噬。

"海巡021"轮一边通过扩音器向船上喊话以稳定旅客情绪,阻止遇险人员惊慌跳海,一边迅速向搜救中心报告现场情况。

根据"海巡021"轮报告的情况,辽宁省海上搜救中心指示:控制火势,确保火势不蔓延到人员密集的船首、船尾部分,稳定遇险人员情绪,有秩序地组织遇险人员撤离,避免发生次生事故。指定"海巡021"轮为现场指挥船,协调"海巡0206"轮、"连港24"轮、"连港22"轮及"交工38"轮、海军"3111"艇等船舶增援现场。立即启动海上应急联动机制,协调北海救助局、公安消防、边防、军队、医疗、渔监、港航企业等部门和有船单位派船前往救助,对进出大连港的船舶实施紧急交通管制。启动海上医疗援助联动机制,通知120急救中心迅速派医护人员赶赴现场做好救治伤员的准备。

13时50分许,"连港24"轮、"连港22"轮、"交工38"轮、海军"3111"艇和6条渔船及多艘小型游艇陆续抵达现场。14时许,专业救助船"北海救198"轮抵达现场,同时"7305"号救助直升机也由大连周水子机场飞抵事发水域上空。14时30分许,6辆120急救车抵达大港六区,医务人员乘坐拖船赶赴现场对伤员进行救治。

在现场指挥的协调下,消防船开始喷射水幕将失火部位与人员密集的位置隔离，控制火势蔓延；拖船"连港22"轮采取顶推等有效措施稳定船首向，使遇险人员处于上风处，防止烟火对遇险人员造成伤害；同时"辽海"轮放下了软梯和逃生网；"连港24"等船首较高的船舶顶靠到难船首、尾部位，遇险人员顺着逃生网和软梯迅速撤离到了救助船上，随后被疏散送往岸边；海事巡航船、直升机和其余船舶在外围搜寻落水人员并担负警戒任务。

至15时许，280名旅客及47名船员获救；现场指挥迅速向获救的"辽海"轮船长核实乘客和船员人数，得知仍有2名船员和11名乘客下落不明的相关情况后，现场指挥迅速向搜救中心报告并下达了边灭火边搜寻的指令。16时50分许，被大火困在机舱长达3个多小时的最后2名船员从难船机舱逃生孔逃出，被"北海救198"轮通过缆绳救出。17时20分许，海军"3111"艇报告，该艇接救的11名旅客已得到妥善安置。至此，确认340名遇险人员全部获救。

第二阶段：将难船拖离主航道。

辽宁省海上搜救中心会同相关专家对现场情况进行认真分析评估：船舶仍未脱离大连港的交通要道，一旦倾覆将堵塞大连港进出港航道。现场指挥人员认真分析了现场的风向、风速、"辽海"轮抛左锚两节入水及船首较高的实际情况，做出了集中消防船向"辽海"轮船首甲板喷水，压住火势，降低首楼甲板温度；指派"北海救198"轮负责将带缆船员送上难船船头；指定大马力的"连港24"轮担任拖带船；因"辽海"轮处于抛锚状态，而船上已无法采取起锚措施，为减小锚的抓力，指派"北海救198"轮出缆，由小艇将其缆绳绕系在"辽海"轮露在水面的锚链上，协助拖锚的拖带方案。

　　方案确定后立即开始组织实施。首先将2名着防火装备的"辽海"轮船员送至"北海救198"轮上。"北海救198"在其他消防船的掩护下，成功将2名带缆船员送上"辽海"轮船首。2名船员登船后，在高温中经过近30分钟的艰难操作，将"连港24"轮的拖缆系到"辽海"轮的带缆桩上，并迅速撤离。随后"北海救198"轮也将缆绳系到了"辽海"轮的锚链上，两条拖带船同时启拖，将"辽海"轮拖到1号锚地的东北角水域。为避免在拖带过程中火势重新蔓延，拖带中现场采取了伴航灭火和冷却拖缆系缆部位的措施。

　　19时许，"辽海"轮被顺利拖至大连港1号货轮锚地的指定位置。"连港22"轮将2名船员送上难船船首，将右锚抛下6节入水，船位稳定，难船锚泊成功。

　　第三阶段：灭火。

　　"辽海"轮被成功拖至1号锚地抛锚后，现场指挥调集现场的7条消防船分布于难船四周，同时向难船喷水灭火，迅速有效地控制了火势。大量喷水导致"辽海"轮船体内大量积水，船体发生侧倾。辽宁省海上搜救中心立即组织相关专家对现场的形势进行了认真评估，专家一致认为：继续大量喷水将使船舶吃水加大，倾斜幅度增加，恢复力矩减小，最终会导致船舶翻沉。船上存有的近百吨轻重燃油将会引起水域的严重污染，同时，也会给后续沉船打捞工程带来重大的经济损失。而根据从机舱内逃生的2名船员反映的机舱内并未起火的情况，判定"辽海"轮的着火部位应该在汽车舱内，船舶汽车舱以上可燃建筑物烧完后火势将会减小。基于上述分析，搜救中心迅速调整灭火方案，停止向舱内大量喷水，采取向难船舷外船壳板喷水降温的措施，并对火势进行了严密监控，对于停止喷水而复燃的火点，由"北海救159"轮和"连港22"轮用泡沫灭火剂实施重点灭火。

17日10时30分许，船上火势明显减弱，辽宁省海上搜救中心调遣6名消防人员登轮从船尾向船头进行逐点灭火。经过近两小时的探查灭火，汽车舱的明火被完全扑灭。鉴于汽车舱仍可能有余火且船体横倾较大，无法保证靠泊安全，决定当晚继续对难船进行监控，待解决余火和难船横倾的问题后，再组织难船靠泊。

18日上午，消防部门对现场复燃余火继续采取了逐点灭火的措施，彻底扑灭了余火。现场采取在难船船体水线以上割洞排水的措施，有效调整了难船的横倾状态。辽宁省海上搜救中心决定由大连港引航站实施靠泊引领作业，海事、消防等部门协调做好护航、交通组织、消防、防污染工作，消防车辆在码头待命，确保在天黑前靠妥码头。同时制定应急预案。16时30分许，"辽海"轮安全平稳地靠妥香炉礁海运码头。海难救助行动结束。

（4）信息发布

搜救中心立即启动水上突发事件新闻宣传应急反应程序，本着及时、客观、公正和先动态后综合的原则，积极稳妥地开展新闻报道工作。一方面客观地介绍和提供有关情况，积极组织、协调采访行动；另一方面组织有关人员携带摄像、照相设备，迅速赶往现场，获取第一手相关资料，及时拍录并发回现场救助场景，收集、汇总有关资料，编发新闻通稿。此次海难救助行动通过各大媒体得以及时、客观、准确地报道，对稳定社会秩序，安定公众心态，展示政府应急反应能力，展现搜救中心及相关部门的

第六章

海上救助水平，发挥了良好的作用。

三、基本经验

（1）各级领导高度重视是救助成功的重要前提

国务院批准建立海上搜救部际联席会议制度。通过部际联席会议，交通运输部和有关部委全面加强海上搜救能力建设，取得了显著成效。事故发生后，按照国务院领导的指示精神，交通运输部、中国海上搜救中心领导亲自指挥，多次对现场下达重要指示；辽宁省政府、大连市政府领导亲自到辽宁省海上搜救中心指挥救助，对获救人员的安置给予了大力支持。这些工作是此次搜救行动取得成功的根本保证。

（2）完善的搜救应急机制是救助有序高效开展的基础

国家高度重视海上搜救工作，在全国沿海地区形成了比较完善的三级海上应急反应体系，对于专业、社会、军队等救助力量的协调能力不断向着有力、高效的方向发展，在国务院领导的重视和有关部门的支持下，近年来，中国海上搜救中心建立了海上险情应急反应预案，各省、市级海上搜救中心也建立了相应的预案，明确了遇险报警、信息核实、险情评定和上报、救助行动的实施程序和相关单位的职责等，搜救行动日益科学化、程序化，极大地提高了海上救助能力和救助效率。

（3）反应迅速、决策科学果断、指挥有力是救助成功的关键

接到险情报告后，搜救中心在第一时间启动了应急反应程序，立即调动附近船舶赶赴现场，第一艘救助船舶仅用10分钟就抵达现场，短时间内大规模救助力量即抵达现场展开救助行动，为人员救助争取了时间，使遇险人员在

最短的时间内得以安全撤离。在决策过程中，搜救中心严格遵循预案要求中有关信息收集、险情分析、专家咨询、拟订方案、效果评估、方案调整等规定，充分发挥专家咨询机构、决策辅助系统的作用，确保决策科学合理，达到了最理想的救助效果。在救助过程中，现场指挥执行搜救指令坚决、协调有力，措施得当，使整个现场搜救行动忙而不乱，迅速高效，在最短的时间内救下了遇险人员，成功将难船拖至指定水域，充分体现了指挥人员的专业素养以及出众的组织协调和应变能力。

（4）高效的联动机制，各相关部门和社会力量的积极支持和配合为做好此次搜救工作提供了全面的保障

辽宁省海上搜救中心成立以来，一直着力加强海上搜救联动机制的建设，先后通过指定搜救力量等方式，将具有海上搜救能力的单位、人员和船舶纳入到搜救中心的力量库中，并通过组织演练，逐渐形成了"一方有难，八方支援"的高效海上应急联动机制。军队、消防、公安、医疗、渔业等相关单位、部门都迅速出动力量投入到救助工作，消防、救捞等专业救助力量技术精湛，采取合理有效的措施，军队、渔业、医疗等部门密切配合，迅速接下并转移遇险人员，使伤员很快得到救治，火情得到了有效控制，难船被安全转移到码头靠泊。"辽海"轮救助成功的案例表明，充分依靠全社会的理解和支持，建立起一支"专业救助力量和社会救助力量相结合、军队救助力量和地方救助力量相结合、政府统一领导，全社会积极参与"的救助队伍，符合我国海上搜救工作的基本特点和客观需求。

第六章

>> 案例2

甘肃省舟曲"8·8"特大山洪泥石流自然灾害应急处置

一、基本情况

2010年8月8日凌晨，甘肃省舟曲县发生特大山洪泥石流灾害，县城由北向南约5公里长、500米宽的区域变成废墟，一千多人遇难，数百人失踪，上万群众受灾。灾难发生的同时，国道212线宕昌至武都段，省道313线两河口至舟曲至迭部段，以及省道210线巴仁口至代古寺段等通往舟曲县城的360多公里国省干线公路也发生了严重的泥石流水毁，灾区交通中断。灾情发生后，甘肃省交通运输厅第一时间启动应急预案，就近组织甘南、陇南、定西公路总段、甘肃路桥建设集团和当地武警交通部队等单位参与地震灾后公路重建，警地携手，联合作战，当日中午抢通了进入舟曲县城的全部干线公路，确保了抗洪抢险部队顺利进入灾区。8月11日凌晨抢通城区道路，实现了舟曲城区道路东西连通，确保了救灾物资直达城区。

二、应急处置过程

按照甘肃省委省政府舟曲特大山洪泥石流灾害应急抢险救灾指挥部和交通运输部的统一部署，成立了舟曲特大山洪泥石流灾害交通警地联合抢险保通指挥部，整合双方资源，统一部署、统一指挥、统一调度，负责舟曲城区道路和通往舟曲干线公路的抢险保通工作。

（1）建立高效的警地联合抢险保通指挥体系

为了做好灾区抢险保通工作，按照《中华人民共和国突发事件应对法》和国务院、中央军委颁发的《军队参加抢险救灾条例》，2010年8月12日正式成立了舟曲特大山洪泥石流灾害交通警地联合抢险保通指挥部，并于当天上午召开了第一次交通警地联合抢险保通指挥部会议。同时，为了有效开展工作，指挥部成立了相应的工作机构，下设抢险组、技术组、运输保障组和综合协调组，每个工作小组实行警地双方各派一名组长的"双组长"制，具体分工负责相应的工作。其中抢险组负责道路抢修和保通工作。技术组负责抢险保通技术指导工作。运输保障组负责通往灾区道路的交通运输保障工作，配合军警部门指挥疏导交通。综合协调组主要负责跟踪反映指挥部工作动态，编发联指简报，及时加强与各方的联系协调，开展新闻宣传工作。警地联合指挥体系的建立，为抢险保通工作提供了组织保证。

（2）形成警地联合抢险保通的协调机制

在联合指挥部成立后，甘肃交通部门和武警交通部队建立良好的协调联动机制，坚持召开警地联席会议，研究会商应急抢险保通和提高道路通行能力的技术方案，不断巩固扩大已取得的抢修保通成果。为使警地联合抢险救灾工作协调指挥规范化、制度化，建立并完善联合抢险救灾协调机制，具体内容如下。一是建立了信息共享机制。加强双方信息的沟通和联络，建立交通部门与武警部队互联互通的信息渠道，及时、完整、准确地传递灾害预测预警信息、应对处置信息及道路路况信息，实现了警地信息共享。二是建立了定期协商制度。甘肃省交通运输厅和武警交通部队定期召开抢险救灾协调会议，通报情况、研判灾情、确定协同指挥中的有关事项，建立起定期协商机制。

第六章

三是建立警地一体化调配机制。应对泥石流灾害的交通保障工作，时间紧、要求高、难度大，甘肃省交通运输厅和武警交通部队科学整合警地双方人力、物资、技术等资源，实行科学管理，统一调配，合理使用，充分满足了警地联合抢险保通的需要。四是完善警地联合行动的快速反应机制。明确分工，统分结合，搞好双方工作的对接，做到快速启动，快速反应，迅速到位，建立起了快速反应联动机制。

（3）交通职工与武警官兵携手抢险保畅通

灾害发生之后，甘肃省交通部门和武警交通部队联合作战，作为参加地震灾后公路重建和甘肃公路建设的施工队伍，武警交通部队发挥就近就地的优势，与公路职工一道展开了公路抢险抢通大会战。经过协同作战，警地联合，8月8日上午，省道210线岷县至代古寺公路、省道313线两河口至舟曲公路、省道313线迭部至舟曲公路陆续完成抢通，保证了从三个方向进入灾区的公路全部打通。同时，交通警地联合抢险保通指挥部承担起了打通舟曲县城主干道路的任务，警地双方发挥各自优势，通过勘查、方案对比，采用"垫、铺、撒、架、埋"等方式，先垫大砾石、再铺天然砂砾、后撒水泥、路基上架钢板、路基下埋涵管，经过合力攻坚，完成了难度最大的省道313线舟曲县城1.7公里生命通道的抢通任务。

8月11日夜晚，舟曲境内普降大雨，再次引发山洪泥石流，两河口至舟曲公路南峪大滑坡路段交通完全中断，形势非常严峻。为了保障灾区"生命线"的畅通，甘肃省交通运输厅和武警交通指挥部及时召开联席会议，警地两家分工负责，密切配合，统一组织、统一调度，打响了新一轮抗洪保畅的战斗。经过连续11个小时的奋战，12日，两河口至舟曲公路被抢通，交通恢复正常。按照省委、省政府对交通警地联合抢险保通指挥部的工作要求，为确保舟曲周边公路和城区道路的畅通，8月13日凌晨，甘肃交通抢险突击队与武警交通部队合力攻坚，利用部队清理城区淤泥的间隙，在三眼峪沟口道路上紧急埋设钢管涵，使三眼峪沟内的流水顺利通过钢管排入白龙江。此后，警地联合又多次在主城区的道路上埋设钢管涵，实施清淤拓宽，用钢板对道路进行加固，基本消除了通过路面进行排水的现象，增强了道路的通行能力。

（4）加强信息宣传和报道工作

为了提供准确可靠的信息供上级部门决策，警地联合指挥部加强信息编报工作，指挥部确定专人负责信息编辑和报送工作，及时和各抢险保通单位联系，深入一线了解情况，编发简报十余期，及时上报给省舟曲特大山洪泥石流灾害抢险救灾指挥部和交通运输部，及时准确地反映了公路交通部门和武警部队抗洪抢险工作。同时，指挥部加大宣传工作力度，及时与有关媒体和现场采访记者联系，撰写反映警地联合抢险事迹的新闻稿件，在省指挥部新闻中心两次向各新闻媒体通报警地联合抢险保通的情况，做到了宣传与抢险工作同步。这些稿件和相关报导分别在新华社、人民日报、中央电视台、甘肃日报、中国交通报等媒体上发表或播出，得到了很好的社会反响。

三、基本经验

（1）交通部门与武警交通部队协同抢险救灾

2005年国务院和中央军委联合颁布的《军队参加抢险救灾条例》明确规定："军队是抢险救灾的突击力量，执

第六章

103

行国家赋予的抢险救灾任务是军队的重要使命。"2008年的低温雨雪冰冻灾害、四川汶川特大地震和2010年的玉树地震抢险保通中，武警交通部队官兵都发挥了重要作用。同时，近年来甘肃省交通部门不断健全完善应急抢险工作体系，充分发挥甘肃干线公路管理的体制优势，在全国率先成立了国防交通专业保障旅，并经历了汶川特大地震和玉树大地震的抢险救灾锤炼，先后两次被党中央、国务院和中央军委授予"抗震救灾英雄集体"的崇高荣誉。

（2）建立武警交通部队和省级交通部门的协调联动机制

处置突发事件，要求必须反应迅速、决策果断、措施得力。实践证明，警地双方建立有效的协调联动机制，做到组织联建、指挥联手、行为联动，才能提高应急能力，增强应对实效。多年来，在交通基础设施的建设中，武警交通部队与交通运输部门长期合作，共同奋战，武警交通部队纳入国家交通应急保障力量之后，武警交通部队和地方交通部门在抢险救灾工作中建立了更加协调的联动机制。此次交通警地联合应急抢险保通工作，建立的警地联合指挥、警地联席会议、警地信息共享、警地联合应急值守、警地灾害联合会商、警地联合行动等各方面的联动协调机制和配套措施，为今后交通警地联合抢险救灾积累了经验。

（3）坚持整合资源、优势互补

武警交通部队具有装备精良、纪律严明、能打硬仗等优势，地方交通部门具有熟悉情况、经验丰富、机动灵活等特点，在应急抢险救灾和保通保畅工作中，双方突破传统的"各自为政"的模式，真正整合资源，科学调配，扬长避短，充分发挥各自的优势取得事半功倍的效果，大大提高了抢险保通工作的效率。

（4）紧密依靠交通运输部、省委省政府的指导支持和各有关方面的密切配合

舟曲抢险救灾工作得到了党中央、国务院和中央军委的高度重视，省委省政府、交通运输部领导亲临现场指导，充分肯定了甘肃省交通运输厅和武警交通指挥部成立联合抢险保通指挥部这一做法。另外，州县党政、参与抢险救灾的其他队伍和灾区的广大人民群众也给予交通警地联合抢险保通工作以极大的理解、配合。

>> 案例 3

2014年第9号台风"威马逊"应急处置

一、基本情况

2014年7月12日14时许第9号台风"威马逊"在西北太平洋洋面上生成后，先后在海南省、广东省、广西壮族自治区登陆，是1973年以来在华南地区登陆的最强台风，登陆时最大风力17级，为超强台风等级。"威马逊"影响期间，三省（自治区）交通运输厅、交通运输部直属海事系统、救捞系统加强值守，密切跟踪台风动态，及时发布预警信息，加强监督检查，部署专业救助力量在受台风影响地区附近值守备勤，对辖区道路、施工工程、船厂、码头、航运企业、水上水下施工作业单位进行安全检查，督

促辖区内车、船、路、港及相关企业落实防抗台风措施。台风影响期间，广东、海南、广西三省（自治区）沿海发生多起险情，有关省（自治区）海上搜救中心全力协调组织搜救，未造成人员伤亡。

二、应急处置过程

（1）高度重视，迅速响应

台风"威马逊"生成后，党中央、国务院领导对防御工作作出重要指示和批示。交通运输部高度重视此次防台工作，要求交通运输系统做好充分准备，及时科学施策，全力履行好防御职责。16日16时许，按照《交通运输部防抗台风等极端天气应急预案》的规定，召开防御9号台风"威马逊"紧急视频会议，传达了国家防总异地视频会商会议精神，分析研判"威马逊"的发展动态及其可能带来的影响，对防台工作进行再动员、再部署、再检查、再落实。会议宣布启动交通运输部防汛抗台Ⅲ级应急响应。

（2）及时预警，周密部署

针对9号台风"威马逊"的动态和发展趋势，广东、广西、海南三省（自治区）交通运输厅、海事局、南海救助局分别部署了相关工作。广东、广西、海南三省（自治区）交通运输厅按照视频会议精神，立即启动应急响应，把台风预警预报、各项防御要求及措施落实到基层企业和工地，特别是抓好公路施工企业一线作业人员安全、道路运输车辆旅客运输安全工作。对山洪地质灾害易发区和易涝易灾低洼地区进行重点部署，避免出现公路、桥梁损毁和人员伤亡事故，对重点道路、区域进行巡查，消除安全隐患。严格落实领导带班和24小时值班待命制度，及时处置可能发生的险情，切实保障人民群众的生命财产安全。

直属海事系统及时发布航行警告和预警信息，对辖区内的客运船舶、载运危险品船舶、乡镇渡船、沿海施工作业船及新建船舶等重点船舶开展安全检查，确保防台措施落实到位。海南海事局对琼州海峡客滚船防台工作进行周密部署：一是通过地方电视台、短信平台等多种方式及时发布台风预警信息，告知广大群众合理安排出行。琼州海峡客滚船于17日8时全线停航进入防台状态。二是派出工作人员深入港区码头、海上施工水域，对重点船舶进行防台检查，出动执法人员219人次，船艇26艘次。三是加强与地方政府及各成员单位的沟通协调，确保通信畅通。广东海事局突出重点，加强对港珠澳大桥施工船舶、渡口渡船、危险品船、无动力船等重点船舶的防台检查，督促各分支局加强对在建工程施工水域、琼州海峡等重点部位的防台风监督管理，发布预警信息7164条，撤离海上作业人员3315人。广西海事局督促指导相关企业、单位落实防台安全措施，加强对长期停航船舶的检查，提前组织船舶有序避风，合理安排锚地。同时加强海事船艇和设备的检查，做好内部防台工作。南海救助局根据台风移动路径，对可能影响的重点区域进行评估后，合理调配、科学部署救助值班待命力量，努力抓好"防、避、抗、救"四个重要环节的工作，"南海救101"轮等9艘专业救助船，2架救助直升机在琼州海峡、三亚海域等6个重点水域值班待命。

（3）协同联动，处置有力

7月18日8时，台风强度再次增强，根据相关预案规定，交通运输部启动防台Ⅰ级响应，并下发了《关于启动防台Ⅰ级响应防御超强台风"威马逊"的紧急通知》，要求广东省、广西壮族自治区、海南省三省（自治区）的交通运输主管部门、部直属海事和救助打捞部门，对相关工作进行再部署、再落实，要求云南和贵州省交通运输主管部门重点做好强降雨可能引发的地质灾害防范工作。各省交通运输主管部门对防台工作进行了再次部署，实行24小时和主要领导带班制度。各省公路、港航、道路等部门完成省重点项目、重点区域的防台检查工作。各省交通应急抢险队伍完成集结，一旦发生险情和灾情，可迅速开展抢险工作。海南省文昌市交通运输主管部门下发通知，要求客运车辆全部停运，客船全部回港避风。抽调人员组成5个巡查组，对全市各乡镇公路、施工工地、渡口码头等重点区域进行巡查。配备路面清障工具及铲车2辆、吊车5台、重型载货汽车10辆、公交车5辆，做好各项应急准备工作。海南海事局的一线执法人员奔赴各港口、锚地、渡口现场，重点督促指导客滚船、旅游船、渡口渡船、危险品运输船、施工船舶的防台工作。通过VTS、AIS、CCTV系统对防台船舶、水域实时监控。共出动执法人员579人次、船艇54艘次，在海南省辖区水域防台船舶共计1320艘。广东海事局提前掌握专业救助力量部署情况，协调南海救助局在珠江口、琼州海峡等海域加强海上防抗值班。加强重点船舶、重点区域的安全防范，一是重点落实港珠澳大桥施工船的防台措施，要求施工船及时撤离，通过VTS监控工程水域，防止无关船舶进入。二是加强对辖区内"重点船舶"检查，督促船舶落实防台措施，做到台风来临前船舶及时进入锚地避风，人员及时安全撤离。三是加强对锚地的布控，确保台风来临前海上船舶能及时进入防台锚地避风。广东海事局出动执法人员1800人次，出

第六章

动船艇320多艘次，车辆150多辆次，共安排落实在港船舶6170艘次。广西海事局各项防御部署落实到位，局指挥中心及各相关单位增加值班人员，充实值班岗位，严阵以待，在广西壮族自治区辖区水域防台船舶共计1536艘，确保各项防御工作有序开展。交通运输部应急办继续密切关注台风"威马逊"动态，积极处置交通运输突发事件，保障信息畅通。18日19时许，在海南省海口市南渡江口附近水域防台的客船"双泰一号"轮（总吨278t，空载），受超强台风"威马逊"影响，锚链断掉、螺旋桨损坏，船舶漂航至海警码头搁浅（泥沙底质），经海南省海上搜救中心组织救助，船上12名船员全部安全撤离上岸。

（4）组织严密，靠前指挥

18日22时40分，台风中心位于雷州半岛西部，中心风力16级，中心气压930百帕。19日晨，"威马逊"在广西沿海再次登陆。广西海事局一是严格执行领导带班制度，主要领导在指挥中心指挥防御工作，几位分管领导全部在沿海一线指导防御工作。二是进一步落实各项既定防御部署工作，突出重点水域和重点船舶的防御工作，密切关注台风影响期间强降水对内陆水上交通安全影响。三是辖区抢险救灾应急队伍、海上搜救装备处于应急待命状态。四是保持通信设备运行正常，确保政令畅通，一旦发生险情或灾情，可及时有效应对处置。

三、基本经验

（1）加强预防预警是做好应对工作的前提

在这次应对强台风过程中，及时召开视屏会议，准确预测台风发展趋势，为领导迅速、准确作出决策提供了重要依据。各地、各有关单位第一时间多种渠道播报预报预警信息，确保各项防御措施及早部署。

（2）及早排查隐患是做好应对工作的支撑

各相关单位集中开展突发事件风险隐患排查和整改工作，加强交通运输安全监测和巡查，积极对重点区域、重点船舶设施开展现场督察，有效减少了风险隐患，为防御强台风奠定了扎实的基础。

（3）领导靠前指挥是做好应对工作的保障

在这次应对强台风过程中，各级领导深入一线，靠前指挥，周密部署，强化督办，确保了领导到位、人员到位、物资到位、责任到位、措施到位，确保了防台救灾工作取得决定性胜利。

（4）多方联动是做好应对工作的关键

在这次应对强台风过程中，在交通运输部的统一决策部署下，各省（自治区）交通运输厅，各直属海事局，部救捞局等有关单位各司其职、各负其责、多方联动、整合资源，有效提升了防汛抗灾救灾工作的整体合力。

>> 案例 4

云南昭通鲁甸 "8·3" 地震应急处置

一、基本情况

2014年8月3日16时30分许,云南省昭通市鲁甸县发生6.5级地震,震源深度12公里,震中烈度达9度,震中龙头山镇位于鲁甸县西南,距县城23公里,此次地震是滇东北昭通鲁甸断裂带震区40年来最大地震。地震造成昭通、曲靖两市,鲁甸县、昭阳区、巧家县、永善县、会泽县5县(区)巨大的人员伤亡和经济损失。

由于震中处于高山峡谷、岩层破碎、坡陡谷深地带,加之该区域属乌蒙山集中连片特困地区,灾区道路、桥梁等基础设施相对薄弱,地震引发的大面积滑坡、崩塌、滚石以及堰塞湖等次生灾害十分严重,震区房屋、水利、交通、供电、通信等设施受损极为严重,部分道路因地震交通中断,公路、桥梁、客运站场、码头泊位等交通基础设施受损严重。经国家减灾委核定,昭通鲁甸 "8·3" 地震造成灾区受损国省干线路基111公里、路面125公里,桥梁2300延米,隧道500延米,护坡、驳岸、挡墙427处;受损其他公路路基3320公里、路面3528公里,桥梁1640延米,隧道1006延米,护坡、驳岸、挡墙6069处;受损公路客运站12个;受损码头泊位6个。交通基础设施直接经济损失约31.3亿元,其中公路损失约31.2亿元,水运损失约750万元。

二、应急处置过程

在云南省委、省政府和交通运输部的坚强领导下,云南省交通运输系统及时响应、迅速行动、同心协力，抢险保通工作有力、有序、有效展开。云南省交通运输系统共出动人员92384人次，投入大型机械15922台次，工程车、运输车16178辆次，受损道路全部抢通，全力保障了震区生命线的畅通和应急物资的及时运输。

（1）迅速响应，第一时间部署抗震救灾工作

地震发生后，云南省交通运输厅第一时间下发了《云南省交通运输厅关于启动地震应急Ⅰ级响应的决定》，要求云南省交通运输系统按照职责做好抗震救灾工作。云南省交通运输厅迅即召开抗震救灾工作专题会议，成立了抗震救灾、恢复重建工作领导组，下设安全评估排查、灾区道路抢险保通、重点项目安全检查、运输车辆协调、恢复重建5个工作小组，调动指挥昭通、曲靖交通运输部门和厅属相关单位迅速投入救灾保通工作，并从昆明、曲靖等地调集救援力量急奔灾区。驻滇武警交通部队震后2小时内就组织2个梯队共150名官兵、68台机械、车辆及设备赶赴灾区一线。在云南省抗震救灾指挥部的统一领导下，全力组织开展公路抢险保通和应急运输保障工作。

（2）严密组织，全力抢通灾区生命线

按照云南省抗震救灾指挥部和交通运输部的要求，云南省交通运输厅科学制订《公路抢通保通方案》，协调各方力量，合力参与公路抢险保通，及时组建抢险保通突击队，火速驰援并展开公路抢通。各抢通施工单位采取多头并进、多工作面、多机械施工、轮班作业等方式昼夜施工。在地震发生后10个小时内打通了通往震中龙头山的生命线（沙坝至龙头山公路约8公里长）；同时，派出了安全评估排查小组，分别由省厅领导带队，抽调专家技术人

第六章

员，对灾区道路交通基础设施安全隐患进行全面详细的检查和排查。8月5日17时许打通了火德红至红石岩公路；8月5日，成功架设了龙头山镇通往地震中心点重灾区龙泉乡的生命线（龙泉河钢架桥）；8月6日，打通了通往巧家县开基村、渭姑村的生命线；8月7日，打通了受损65公里的昭巧二级公路；8月10日，打通了8条通往重灾区行政村的公路，有力地保证了抗震救灾机械、人员、物资的顺利通行，为抗震救灾赢得了宝贵时间。

（3）精心部署，全力保障应急物资运输的通畅

根据震区的实际情况，制订了《鲁甸"8·3"地震灾区公路保通工作方案》，明确了"八个落实"，即落实责任单位、责任领导、责任人员、保通措施、保通机械、工作班组、信息收集、物资保障和24小时值班、巡查、保通制度；成立了保通工作机构，分设8个工作小组，明确各自职责、目标、工作任务、工作人员、分组布点、机械数量及相关要求；建立了"观察哨"、"巡逻岗"，24小时加强公路巡查，重点抓好通往灾区11条重点公路保通工作，做到"随阻随抢，随断随抢，随抢随通"。路政部门投入执法执勤车辆2045辆次、执法人员7569人次，会同交警对一些路窄、交通量大的路段实施交通管制，采取设置应急警示标志，大型车限载、限速、居中单车通行等措施确保道路安全畅通。运政部门加强应急运力组织与调度，广泛组织动员，确保人员、技术、车辆、物资等投入到位。运管部门共投入执法执勤车辆554车次，运政执法人员1824人次，调集应急客运运力992车次、教练车和出租车790车次，共运送抢险部队官兵、救灾人员、灾区群众、记者、志愿者等共40894人次；调集货运

运力1205车次，运送各类救灾物资和救援设备共计55084件8184吨；出动维修工人484人次，维修抗震救灾车辆233辆，紧急救援车辆63辆次。海事部门共投入冲锋舟242艘次，运送伤病员、抢险救灾相关人员1452人次、运送帐篷等救灾物资25吨。此外，高速公路运营部门火速开通抗震救灾专用车道，抗震救灾期间共开通救灾车辆通道6867道次，免费通行救灾车辆13532车次，免收通行费149.3万元，为救灾人员及车辆发放价值4.37万元的饮水及食物。

（4）积极引导，努力做好舆论宣传

在抓好抢险保通工作的同时，积极做好宣传工作，及时有序有效组织宣传报道，第一时间回应社会关切。灾情发生后，云南省交通运输厅相关人员在现场接受了中央电视台、新华社等多家主流媒体采访，及时在鲁甸灾区一线召开新闻发布会，向社会、媒体公开发布省交通运输厅在本次地震抢险保通的工作情况，在抗震救灾工作中传播了交通正能量，弘扬了交通精神，树立了交通运输的好形象。

三、基本经验

（1）各级领导的高度重视、迅速响应是成功抗震救灾的重要前提

地震发生后，习近平总书记、李克强总理等多位中央领导同志作出重要指示批示，要求把救人放在第一位。国家减灾委和民政部相关领导组成工作组赴现场指导救援工作，云南省委、省政府负责同志率工作组赴现场开展抗震救灾工作。交通运输部所属铁路、公路、民航纷纷启动应急机制，以最快速度投入抗震救灾，尽一切可能打通"生命通道"，保证交通畅通。

第六章

（2）灾区第一时间组织开展自救互救是成功抗震救灾的重要保证

鲁甸地区开展的自救互救工作，充分发挥了灾害应对第一时间、第一现场的原则。驻滇武警交通部队震后2小时内就组织2个梯队共150名官兵、68台机械、车辆及设备赶赴灾区一线。积极配合云南省抗震救灾指挥部，开展公路抢险保通和应急运输保障工作。

（3）日趋完善的应急机制是成功抗震救灾的重要支撑

联动配合、高效快捷、科学合理的应急机制，是各单位形成合力开展抗震救灾工作的关键。长期以来，云南省不断完善抗震救灾各项工作机制，并经过实战检验，各项机制得到进一步磨合与完善。事实证明，完善顺畅的应急机制，是成功抗震救灾的关键。

（4）强大的救援队伍是抗震救灾的重要力量

云南省地震灾害紧急救援队成立于2003年，2008年汶川地震后，人数达到1600余人，是全国规模最大、力量最强的省级专业地震紧急救援队伍。云南省地震局还联合民政、卫生、交通等部门和相关单位组建了地震现场工作队，可以迅速赶往灾区，指导灾民安置、医疗救护、监测余震情况，为救灾和重建提供科学依据。

>> 案例 5

长江口"海德油9"轮
与"浙海156"轮碰撞溢油应急处置

一、基本情况

2014年11月22日9时许，散货船"浙海156"轮在长江口D45灯浮东北侧水域与油船"海德油9"轮发生碰撞。事故造成"海德油9"轮船体右舷破损，部分柴油泄漏。险情发生后，上海海上搜救中心立即组织开展了难船救援、溢油清污等应急处置。经过4个昼夜的连续奋战，克服了水域能见度不良、船舶通航密度大、水文环境复杂、污染水域距离水源近、溢油不易回收等困难，组织开展大规模水上清污和应急工作，防止了水域污染，避免了难船断裂沉没，处置工作获得圆满成功。

二、应急处置过程

（1）应急响应

11月22日10时许，上海海上搜救中心接事故险情报告后，与"海德油9"轮及船公司取得联系，确认遇险船舶损害情况、人员伤亡和所载燃油泄漏及污染情况，及时启动应急预案，组织应急抢险，控制险情进一步发展。同时，指派"海巡01082"轮、"海巡01083"轮抵达现场，在事发现场及附近水域发现多处油污，上海海上搜救中心根据海上搜救和船舶污染事故专项应急预案将险情级别定为重大，立即报告中国海上搜救中心、上海市政府。同时，成立险情应急处置工作领导小组，相关人员立即到位指挥。有关专家前往现场指导清污和水域通航保障工作。海巡艇现场警戒，吴淞VTS重点监控并进行安全信息广播，确保该水域船舶正常通航。应急处置过程中，上海海上搜救中心多次与"海德油9"轮及船公司联系，并约谈该轮船公司相关负责人，责成船方及船公司采取切实有效措施，控制船上溢油并防止船舶发生折断。同时，根据潮汐变化预测溢油漂移方向，及时通知上海市相关部门加强青草沙水源库水质监测，发现油污立即关闭饮用水取水口，同时，加派清污力人员清除敏感水域的油污。

（2）制订清污方案

一是指派现场工作组赴事故现场，统一指挥现场应急船舶开展清污行动。二是组织危防专家、事故调查人员迅速登船，掌握难船受损情况、装载燃油及泄漏等情况；对难船的安全情况、适航性及燃油进一步泄漏的可能性进行分析。待现场情况明确后，对破损货油舱剩余油水混合物过驳，其他货油舱燃油就近到码头卸载。三是对泄漏的燃油开展清污处置。四是根据现场实际情况做好后续清污力量和物资准备，随时做好增援。五是将有关船舶污染情况通报相关单位。六是开展溢油事故索赔前期准备工作。

（3）工作难点

一是能见度不良。本次事故水域能见度仅200～300米，应急船舶受恶劣天气影响，处置速度大大降低，部分应急力量无法到达现场。现场能见度不良还导致溢油难以发现。二是水流急。长江口水域水流湍急，事发水域流速最高可达4～5节，溢油随着潮汐四处飘散，油污扩散范围大，清除及回收难度高。三是距青草沙水源库近。事发水域距离上海市重要水源地青草沙水源库仅约11海里，处置不当将严重威胁上海市用水安全。

三、基本经验

（1）专业人员靠前指挥

接事故报告后，立即启动《上海海上搜救和船舶污染事故专项应急预案》，成立抢险指挥部，下设应急处置、事故调查、损害赔偿、舆情监测、专家咨询等工作组，指定责任人开展工作，定时评估，定时通报。派遣专业海事执法人员成立前方工作组赴现场，靠前指挥应急处置。

（2）整合交通运输部在沪单位力量

本次应急处置工作中，上海海上搜救中心充分利用交通运输部及上海市各方资源，协调整合上海国际港务集团、中国船级社上海分社等单位专业资源，发挥整体优势共同开展应急、清污工作。中国船级社上海分社派遣船体结构专家对受损船舶进行了安全性评估和卸货期间的船体损坏情况的监测等工作，为迅速有效开展事故应急处置工作，避免次生事故发生起到关键作用。

（3）应对措施得当，清污、排险效果明显

事故发生后，海事执法人员登上"海德油9"轮开展现场处置调查，核查溢油数量。为了防止油污继续泄漏及难船断裂沉没，上海海上搜救中心采取现场评估结合试航实测的方法，在对溢油污染情况进行严密监测的同时，密切关注船体破损和应力变化情况，实施应急抢险和开展清污工作。对难船采取"边抢险、边防污、边移泊"的整体决策、具体措施得当，避免了相关水域受到进一步污染，没有发生次生事故，确保了难船安全，为最终成功处置该起事故奠定了坚实的基础。

（4）依托专业机构技术平台，提高应急处置决策水平

应急处置过程中，考虑到难船受损严重，存在断裂危

险，上海海上搜救中心协调中国船级社上海分社派船检专家赴事故现场，对难船安全情况开展综合评估，为上海海上搜救中心后续应急处置决策提供了重要的技术支撑。污染事故调查中，为确保推算溢油量精确、可信，上海海上搜救中心聘请了第三方公估机构专家共同参与调查，力求得出准确的泄漏量。

（5）提前部署，做好油污损害赔偿前期准备

经测算，本次事故燃油泄漏总量达77吨，上海海上搜救中心在应急处置过程中要求各参战单位统计相关费用产生情况，做好索赔准备，邀请肇事船保险人代表、律师等召开赔偿事宜协调会，及时通报溢油处置情况和费用估算，提高索赔工作透明度。此外，上海海事局还及时向事故船下达应急处置费用担保通知，落实应急资金，为后续应急处置及索赔工作提供重要的财务保障。

>> 案例 6

福建省龙岩市厦蓉高速公路
后祠隧道坍塌事故应急处置

一、基本情况

2014年12月4日，中铁某公司A3项目部21名工人进洞作业，现场有2名安全员在洞口位置进行安全监控。5日0时20分许，安全员在洞口处听到洞内石块掉落的异常声响，两人进洞查看情况。到达掉石块处后，一人跑出去报告，一人留在现场查看后返回项目部出口处维持车辆秩序。整个塌方过程历时10分钟左右，最后将整个隧道堵死，位于洞内掌子面处上台阶钻孔、喷浆等作业的21人被困。

二、应急处置过程

接到报告后，相关人员于5日0时40分许到达隧道，组织事故现场警戒，清查被困人数。2时许报告业主单位和政府部门。3时40分许，当地政府相关部门和业主到达事故现场，马上联系设备开展抢险救援，通过高压风管间断地往内送风，保障空气供应。

事故发生后，中央及地方各级领导立即作出批示或指示，要求全力科学组织施救，千方百计营救被困人员。国家安监总局、交通运输部、国资委等国家部委立即指派相关领导和专家赶赴事故现场指导施救工作。同时在现场成立现场救援工作领导小组和现场救援指挥部，先后调运了17台（套）大型救援设备，组成了600多人的专业救援队伍，迅速展开救援。现场救援指挥部多次召集专家组和相

第六章

关单位现场会商，制订了在确保原通风管道畅通基础上，先打通生命通道，再打通逃生通道的施救方案。根据专家意见，10时45分许开始使用 ϕ160mm的潜孔钻在塌方体左下方实施打孔作业，于15时40分许贯通生命通道，17时与被困人员取得联系，及时传送给养和通信照明工具等。

在确认被困人员生命安全后，针对较为复杂的地质条件，根据专家意见，现场救援指挥部确定并组织实施液压顶管和矿山法小导洞掘进作业同时并进的措施打通逃生通道：一是调集就近的液压顶管装备开展施救，在洞内塌方体底部中间位置铺设 ϕ800mm钢管，用挖掘机采用液压顶进。20时30分许开始实施。二是采用在隧道右侧边墙中部沿壁人工开挖导洞的方案掘进逃生通道，21时许开始实施。T形小导洞率先于6日11时30分许全部贯通17米坍塌体。11时40分许，21名被困人员通过此逃生通道成功

获救。

三、基本经验

（1）领导高度重视，救援工作迅速开展

事故发生后中央及地方领导作出指示批示，要求全力以赴施救。交通运输部派相关部门负责人及专家赶到福建指导救援工作。福建省地方交通运输系统第一时间奔赴现场，并成立现场应急指挥部，为开展救援工作赢得了时间，确保了救援工作的有效开展。

（2）科学制订方案，现场组织有序

相关专家和技术人员在事故现场进行紧急会商，指导制订救援技术方案，在确保原通风管道畅通的基础上，制订三种打通生命通道的救援方案。最终现场指挥部决定采取顶管和矿山法同时并进的措施，打通了逃生通道。

（3）人性化的救援措施

在救援过程中，救援指挥部专门安排心理辅导，与被困人员进行慰问通话，及时通报隧道外的救援进度，稳定被困人员的情绪。同时，救援指挥部尽量满足被困工人的要求，通过提供热茶、餐食等方式，缓解他们的紧张情绪，增强他们的获救信心。

>> **案例 7**

西藏"4·25"地震
公路交通抗震救灾应急处置

一、基本情况

2015年4月25日尼泊尔境内发生8.1级强震，强震波及我国西藏自治区的19个县、区，地震灾害及其引发的山体滑坡、泥石流、雪崩等次生灾害，造成震区交通基础设施不同程度受损，特别是国道318线亚来乡至友谊桥、国道216线60道班至吉隆至热索桥断通，日喀则市部分县农村公路受损严重。

地震发生后，交通运输部指导西藏交通运输部门迅速就近安排公路养护、施工队伍，武警交通部队迅速组织力量，立即投入到公路抢通保通工作之中。震后1小时，组织力量对干线公路进行全面排查；震后18小时，打通了国道216线吉隆县至吉隆镇公路；震后31小时，抢通了国道318线定日至聂拉木县城公路；震后77小时，抢通了聂拉木县城至樟木镇公路，打通了救灾"生命线"。期间，共调运应急钢架桥6座，共261延米，共清理塌方1414420立方米，清理雪崩36960立方米，清雪除冰198500立方米，爆破巨石110600立方米，铅丝笼和木笼防护9600立方米。先后抢通了60道班至吉隆县、日喀则至聂拉木、聂拉木至樟木口岸公路，为救治伤员、群众安全撤离、通信机站抢修、救灾物资运输等赢得了宝贵时间，提供了交通运输坚实保障，有效发挥了先行官的作用，用实际行动践行了"一不怕苦、二不怕死，顽强拼搏、甘当路石，军民一家、民族团结"的"两路"精神。

二、应急处置过程

（1）高度重视，精心部署应对措施

地震发生后，交通运输部领导及时作出安排，先后三次召开专题会议研究部署抗震救灾公路抢通保通工作，要求不遗余力抢通救灾通道，保公路畅通、保道路运输、保抢险安全、保和谐稳定。部公路局派员随国务院救灾工作组，深入灾区了解灾情、指导抢险和慰问抢险保通人员。西藏交通运输厅按照交通运输部和自治区党委政府的部署要求，第一时间开展公路抢险保通工作。

（2）科学调度，全力投入抢通保通工作

根据不同阶段公路交通抗震救灾工作的特点，交通运输部及时研判，提出有针对性的指导意见。在抢通保通攻坚阶段，于4月26日下发了《交通运输部关于做好西藏地震灾区公路交通保障抢通保通工作有关问题的通知》，提出了"一抢四保"等4条指导意见；在转入有序保通保运阶段和灾后重建准备阶段，提出了保通保运输及灾后重建准备工作的8条意见，并及时召开专题会议，研究部署灾后重建准备工作，科学有序地指导了地震灾区公路交通抢通保通保运输工作。

（3）协调武警交通部队，全力支援抢通工作

除动员西藏地方抢通力量外，交通运输部及时协调武警交通部队累计投入654名兵力，机械装备车辆179台套，参与公路抢通保通和机动备勤任务。累计抢通道路59余公里，清理塌方体10.7万余立方米，在救灾抢通保通工作发挥了突出作用。面对环境恶劣、高原缺氧、余震不断、塌方飞石的巨大威胁，广大参战人员边避险边开进边抢通，

体现了大无畏的革命乐观主义精神，为快速抢通"生命通道"赢得了宝贵时间。

（4）指导支持西藏交通运输部门全面做好救灾工作

地震发生后，交通运输部始终与西藏灾区各级交通运输部门保持密切联系，建立部省联动机制，畅通信息沟通渠道。及时调集1辆应急通信指挥车赶赴现场指导。26日协调财政部门拨付1000万元，支持西藏开展公路抢通保通工作。

（5）做好增援力量和技术支持储备，全面应对抗震救灾工作

地震发生后，全国交通运输系统充分发扬"一方有难，八方支援"的优良传统，西藏周边省（市）已做好抢通力量和运力储备，并与交通运输部建立联系，一旦需要随时可以按照统筹安排前赴西藏震区进行增援。同时，交通运输部在5月3日成立了由部总工程师牵头，由国内知名规划、路线、桥梁、隧道、地质等方面的专家组，提前筹划了灾后恢复重建指导，适时前往抗震救灾一线进行指导。

三、基本经验

（1）快速反应能力是应急救援工作的有力保障

地震发生后1小时，交通运输系统就组织力量对地震影响地区干线公路进行了全面排查。震后18小时，完成重要公路段的抢通，为救治伤员、撤离群众、运输物资赢得了宝贵的时间，提供了坚实的交通运输保障。

（2）充分发挥武警交通部队优势

武警交通部队积极投入兵力、设备、物资，发挥能打硬仗、装备优良的优势，克服高原施工的种种困难，与

地方交通运输部门紧密配合，在急难险重的抢通保通任务中发挥了关键作用，大大提高了工作的效率，充分体现了"军民一家、民族团结"的"两路"精神。

（3）加强指导，提前谋划重建工作

应急处置过程中，交通运输部多次召开专题会研究指导抢通保通工作，下发通知对应急处置工作提出要求和建议。组成专家组提前对灾后恢复重建工作进行研究，指导地方做好相关工作，有力保障了应急处置工作的有效开展和恢复重建工作的稳步实施。

第六章

Appendix

附件　参考法规、规定及预案

附件 **1**

中华人民共和国安全生产法

中华人民共和国安全生产法

由中华人民共和国第九届全国人民代表大会常务委员会第二十八次会议于2002年6月29日通过公布，自2002年11月1日起施行。

2014年8月31日第十二届全国人民代表大会常务委员会第十次会议通过全国人民代表大会常务委员会关于修改《中华人民共和国安全生产法》的决定，自2014年12月1日起施行。

第一章 总 则

第一条 为了加强安全生产工作，防止和减少生产安全事故，保障人民群众生命和财产安全，促进经济社会持续健康发展，制定本法。

第二条 在中华人民共和国领域内从事生产经营活动的单位（以下统称生产经营单位）的安全生产，适用本法；有关法律、行政法规对消防安全和道路交通安全、铁路交通安全、水上交通安全、民用航空安全以及核与辐射安全、特种设备安全另有规定的，适用其规定。

第三条 安全生产工作应当以人为本，坚持安全发展，坚持安全第一、预防为主、综合治理的方针，强化和落实生产经营单位的主体责任，建立生产经营单位负责、职工参与、政府监管、行业自律和社会监督的机制。

第四条 生产经营单位必须遵守本法和其他有关安全生产的法律、法规，加强安全生产管理，建立、健全安全生产责任制和安全生产规章制度，改善安全生产条件，推进安全生产标准化建设，提高安全生产水平，确保安全生产。

第五条 生产经营单位的主要负责人对本单位的安全生产工作全面负责。

第六条 生产经营单位的从业人员有依法获得安全生产保障的权利，并应当依法履行安全生产方面的义务。

第七条 工会依法对安全生产工作进行监督。

生产经营单位的工会依法组织职工参加本单位安全生产工作的民主管理和民主监督，维护职工在安全生产方面的合法权益。生产经营单位制定或者修改有关安全生产的规章制度，应当听取工会的意见。

第八条 国务院和县级以上地方各级人民政府应当根据国民经济和社会发展规划制定安全生产规划，并组织实施。安全生产规划应当与城乡规划相衔接。

国务院和县级以上地方各级人民政府应当加强对安全生产工作的领导，支持、督促各有关部门依法履行安全生产监督管理职责，建立健全安全生产工作协调机制，及时协调、解决安全生产监督管理中存在的重大问题。

乡、镇人民政府以及街道办事处、开发区管理机构等地方人民政府的派出机关应当按照职责，加强对本行政区域内生产经营单位安全生产状况的监督检查，协助上级人民政府有关部门依法履行安全生产监督管理职责。

第九条 国务院安全生产监督管理部门依照本法，对全国安全生产工作实施综合监督管理；县级以上地方各级人民政府安全生产监督管理部门依照本法，对本行政区域内安全生产工作实施综合监督管理。

国务院有关部门依照本法和其他有关法律、行政法规的规定，在各自的职责范围内对有关行业、领域的安全生产工作实施监督管理；县级以上地方各级人民政府有关部门依照本法和其他有关法律、法规的规定，在各自的职责范围内对有关行业、领域的安全生产工作实施监督管理。

安全生产监督管理部门和对有关行业、领域的安全生产工作实施监督管理的部门，统称负有安全生产监督管理职责的

附件 1

部门。

第十条 国务院有关部门应当按照保障安全生产的要求，依法及时制定有关的国家标准或者行业标准，并根据科技进步和经济发展适时修订。

生产经营单位必须执行依法制定的保障安全生产的国家标准或者行业标准。

第十一条 各级人民政府及其有关部门应当采取多种形式，加强对有关安全生产的法律、法规和安全生产知识的宣传，增强全社会的安全生产意识。

第十二条 有关协会组织依照法律、行政法规和章程，为生产经营单位提供安全生产方面的信息、培训等服务，发挥自律作用，促进生产经营单位加强安全生产管理。

第十三条 依法设立的为安全生产提供技术、管理服务的机构，依照法律、行政法规和执业准则，接受生产经营单位的委托为其安全生产工作提供技术、管理服务。

生产经营单位委托前款规定的机构提供安全生产技术、管理服务的，保证安全生产的责任仍由本单位负责。

第十四条 国家实行生产安全事故责任追究制度，依照本法和有关法律、法规的规定，追究生产安全事故责任人员的法律责任。

第十五条 国家鼓励和支持安全生产科学技术研究和安全生产先进技术的推广应用，提高安全生产水平。

第十六条 国家对在改善安全生产条件、防止生产安全事故、参加抢险救护等方面取得显著成绩的单位和个人，给予奖励。

第二章 生产经营单位的安全生产保障

第十七条 生产经营单位应当具备本法和有关法律、行政法规和国家标准或者行业标准规定的安全生产条件；不具备安

附件1

全生产条件的，不得从事生产经营活动。

第十八条　生产经营单位的主要负责人对本单位安全生产工作负有下列职责：

（一）建立、健全本单位安全生产责任制；

（二）组织制定本单位安全生产规章制度和操作规程；

（三）组织制定并实施本单位安全生产教育和培训计划；

（四）保证本单位安全生产投入的有效实施；

（五）督促、检查本单位的安全生产工作，及时消除生产安全事故隐患；

（六）组织制定并实施本单位的生产安全事故应急救援预案；

（七）及时、如实报告生产安全事故。

第十九条　生产经营单位的安全生产责任制应当明确各岗位的责任人员、责任范围和考核标准等内容。

生产经营单位应当建立相应的机制，加强对安全生产责任制落实情况的监督考核，保证安全生产责任制的落实。

第二十条　生产经营单位应当具备的安全生产条件所必需的资金投入，由生产经营单位的决策机构、主要负责人或者个人经营的投资人予以保证，并对由于安全生产所必需的资金投入不足导致的后果承担责任。

有关生产经营单位应当按照规定提取和使用安全生产费用，专门用于改善安全生产条件。安全生产费用在成本中据实列支。安全生产费用提取、使用和监督管理的具体办法由国务院财政部门会同国务院安全生产监督管理部门征求国务院有关部门意见后制定。

第二十一条　矿山、金属冶炼、建筑施工、道路运输单位和危险物品的生产、经营、储存单位，应当设置安全生产管理机构或者配备专职安全生产管理人员。

前款规定以外的其他生产经营单位，从业人员超过一百人的，应当设置安全生产管理机构或者配备专职安全生产管理人员；从业人员在一百人以下的，应当配备专职或者兼职的安全生产管理人员。

第二十二条 生产经营单位的安全生产管理机构以及安全生产管理人员履行下列职责：

（一）组织或者参与拟订本单位安全生产规章制度、操作规程和生产安全事故应急救援预案；

（二）组织或者参与本单位安全生产教育和培训，如实记录安全生产教育和培训情况；

（三）督促落实本单位重大危险源的安全管理措施；

（四）组织或者参与本单位应急救援演练；

（五）检查本单位的安全生产状况，及时排查生产安全事故隐患，提出改进安全生产管理的建议；

（六）制止和纠正违章指挥、强令冒险作业、违反操作规程的行为；

（七）督促落实本单位安全生产整改措施。

第二十三条 生产经营单位的安全生产管理机构以及安全生产管理人员应当恪尽职守，依法履行职责。

生产经营单位作出涉及安全生产的经营决策，应当听取安全生产管理机构以及安全生产管理人员的意见。

生产经营单位不得因安全生产管理人员依法履行职责而降低其工资、福利等待遇或者解除与其订立的劳动合同。

危险物品的生产、储存单位以及矿山、金属冶炼单位的安全生产管理人员的任免，应当告知主管的负有安全生产监督管理职责的部门。

第二十四条 生产经营单位的主要负责人和安全生产管理人员必须具备与本单位所从事的生产经营活动相应的安全生产知识和管理能力。

危险物品的生产、经营、储存单位以及矿山、金属冶炼、建筑施工、道路运输单位的主要负责人和安全生产管理人员，应当由主管的负有安全生产监督管理职责的部门对其安全生产知识和管理能力考核合格。考核不得收费。

危险物品的生产、储存单位以及矿山、金属冶炼单位应当有注册安全工程师从事安全生产管理工作。鼓励其他生产经营单位聘用注册安全工程师从事安全生产管理工作。注册安全工程师按专业分类管理，具体办法由国务院人力资源和社会保障部门、国务院安全生产监督管理部门会同国务院有关部门制定。

第二十五条 生产经营单位应当对从业人员进行安全生产教育和培训，保证从业人员具备必要的安全生产知识，熟悉有关的安全生产规章制度和安全操作规程，掌握本岗位的安全操作技能，了解事故应急处理措施，知悉自身在安全生产方面的权利和义务。未经安全生产教育和培训合格的从业人员，不得上岗作业。

生产经营单位使用被派遣劳动者的，应当将被派遣劳动者纳入本单位从业人员统一管理，对被派遣劳动者进行岗位安全操作规程和安全操作技能的教育和培训。劳务派遣单位应当对被派遣劳动者进行必要的安全生产教育和培训。

生产经营单位接收中等职业学校、高等学校学生实习的，应当对实习学生进行相应的安全生产教育和培训，提供必要的劳动防护用品。学校应当协助生产经营单位对实习学生进行安全生产教育和培训。

生产经营单位应当建立安全生产教育和培训档案，如实记录安全生产教育和培训的时间、内容、参加人员以及考核结果等情况。

第二十六条 生产经营单位采用新工艺、新技术、新材料或者使用新设备，必须了解、掌握其安全技术特性，采取有效的安全防护措施，并对从业人员进行专门的安全生产教育和培训。

附件1

第二十七条　生产经营单位的特种作业人员必须按照国家有关规定经专门的安全作业培训，取得相应资格，方可上岗作业。

特种作业人员的范围由国务院安全生产监督管理部门会同国务院有关部门确定。

第二十八条　生产经营单位新建、改建、扩建工程项目（以下统称建设项目）的安全设施，必须与主体工程同时设计、同时施工、同时投入生产和使用。安全设施投资应当纳入建设项目概算。

第二十九条　矿山、金属冶炼建设项目和用于生产、储存、装卸危险物品的建设项目，应当按照国家有关规定进行安全评价。

第三十条　建设项目安全设施的设计人、设计单位应当对安全设施设计负责。

矿山、金属冶炼建设项目和用于生产、储存、装卸危险物品的建设项目的安全设施设计应当按照国家有关规定报经有关部门审查，审查部门及其负责审查的人员对审查结果负责。

第三十一条　矿山、金属冶炼建设项目和用于生产、储存、装卸危险物品的建设项目的施工单位必须按照批准的安全设施设计施工，并对安全设施的工程质量负责。

矿山、金属冶炼建设项目和用于生产、储存危险物品的建设项目竣工投入生产或者使用前，应当由建设单位负责组织对安全设施进行验收；验收合格后，方可投入生产和使用。安全生产监督管理部门应当加强对建设单位验收活动和验收结果的监督核查。

第三十二条　生产经营单位应当在有较大危险因素的生产经营场所和有关设施、设备上，设置明显的安全警示标志。

第三十三条　安全设备的设计、制造、安装、使用、检测、维修、改造和报废，应当符合国家标准或者行业标准。

生产经营单位必须对安全设备进行经常性维护、保养，并定期检测，保证正常运转。维护、保养、检测应当作好记录，并由有关人员签字。

第三十四条　生产经营单位使用的危险物品的容器、运输工具，以及涉及人身安全、危险性较大的海洋石油开采特种设备和矿山井下特种设备，必须按照国家有关规定，由专业生产单位生产，并经具有专业资质的检测、检验机构检测、检验合格，取得安全使用证或者安全标志，方可投入使用。检测、检验机构对检测、检验结果负责。

第三十五条　国家对严重危及生产安全的工艺、设备实行淘汰制度，具体目录由国务院安全生产监督管理部门会同国务院有关部门制定并公布。法律、行政法规对目录的制定另有规定的，适用其规定。

省、自治区、直辖市人民政府可以根据本地区实际情况制定并公布具体目录，对前款规定以外的危及生产安全的工艺、设备予以淘汰。

生产经营单位不得使用应当淘汰的危及生产安全的工艺、设备。

第三十六条　生产、经营、运输、储存、使用危险物品或者处置废弃危险物品的，由有关主管部门依照有关法律、法规的规定和国家标准或者行业标准审批并实施监督管理。

生产经营单位生产、经营、运输、储存、使用危险物品或者处置废弃危险物品，必须执行有关法律、法规和国家标准或者行业标准，建立专门的安全管理制度，采取可靠的安全措施，接受有关主管部门依法实施的监督管理。

第三十七条　生产经营单位对重大危险源应当登记建档，进行定期检测、评估、监控，并制定应急预案，告知从业人员和相关人员在紧急情况下应当采取的应急措施。

生产经营单位应当按照国家有关规定将本单位重大危险源及有关安全措施、应急措施报有关地方人民政府安全生产监督管理部门和有关部门备案。

第三十八条　生产经营单位应当建立健全生产安全事故隐患排查治理制度，采取技术、管理措施，及时发现并消除事故隐患。事故隐患排查治理情况应当如实记录，并向从业人员通报。

县级以上地方各级人民政府负有安全生产监督管理职责的部门应当建立健全重大事故隐患治理督办制度，督促生产经营单位消除重大事故隐患。

第三十九条　生产、经营、储存、使用危险物品的车间、商店、仓库不得与员工宿舍在同一座建筑物内，并应当与员工宿舍保持安全距离。

生产经营场所和员工宿舍应当设有符合紧急疏散要求、标志明显、保持畅通的出口。禁止锁闭、封堵生产经营场所或者员工宿舍的出口。

第四十条　生产经营单位进行爆破、吊装以及国务院安全生产监督管理部门会同国务院有关部门规定的其他危险作业，应当安排专门人员进行现场安全管理，确保操作规程的遵守和安全措施的落实。

第四十一条　生产经营单位应当教育和督促从业人员严格执行本单位的安全生产规章制度和安全操作规程；并向从业人员如实告知作业场所和工作岗位存在的危险因素、防范措施以及事故应急措施。

第四十二条　生产经营单位必须为从业人员提供符合国家标准或者行业标准的劳动防护用品，并监督、教育从业人员按照使用规则佩戴、使用。

第四十三条　生产经营单位的安全生产管理人员应当根据本单位的生产经营特点，对安全生产状况进行经常性检查；对检查中发现的安全问题，应当立即处理；不能处理的，应当及时报告本单位有关负责人，有关负责人应当及时处理。检查及处理情况应当如实记录在案。

生产经营单位的安全生产管理人员在检查中发现重大事故隐患，依照前款规定向本单位有关负责人报告，有关负责人不及时处理的，安全生产管理人员可以向主管的负有安全生产监督管理职责的部门报告，接到报告的部门应当依法及时处理。

第四十四条 生产经营单位应当安排用于配备劳动防护用品、进行安全生产培训的经费。

第四十五条 两个以上生产经营单位在同一作业区域内进行生产经营活动，可能危及对方生产安全的，应当签订安全生产管理协议，明确各自的安全生产管理职责和应当采取的安全措施，并指定专职安全生产管理人员进行安全检查与协调。

第四十六条 生产经营单位不得将生产经营项目、场所、设备发包或者出租给不具备安全生产条件或者相应资质的单位或者个人。

生产经营项目、场所发包或者出租给其他单位的，生产经营单位应当与承包单位、承租单位签订专门的安全生产管理协议，或者在承包合同、租赁合同中约定各自的安全生产管理职责；生产经营单位对承包单位、承租单位的安全生产工作统一协调、管理，定期进行安全检查，发现安全问题的，应当及时督促整改。

第四十七条 生产经营单位发生生产安全事故时，单位的主要负责人应当立即组织抢救，并不得在事故调查处理期间擅离职守。

第四十八条 生产经营单位必须依法参加工伤保险，为从业人员缴纳保险费。

国家鼓励生产经营单位投保安全生产责任保险。

第三章 从业人员的安全生产权利义务

第四十九条 生产经营单位与从业人员订立的劳动合同，

应当载明有关保障从业人员劳动安全、防止职业危害的事项，以及依法为从业人员办理工伤保险的事项。

生产经营单位不得以任何形式与从业人员订立协议，免除或者减轻其对从业人员因生产安全事故伤亡依法应承担的责任。

第五十条　生产经营单位的从业人员有权了解其作业场所和工作岗位存在的危险因素、防范措施及事故应急措施，有权对本单位的安全生产工作提出建议。

第五十一条　从业人员有权对本单位安全生产工作中存在的问题提出批评、检举、控告；有权拒绝违章指挥和强令冒险作业。

生产经营单位不得因从业人员对本单位安全生产工作提出批评、检举、控告或者拒绝违章指挥、强令冒险作业而降低其工资、福利等待遇或者解除与其订立的劳动合同。

第五十二条　从业人员发现直接危及人身安全的紧急情况时，有权停止作业或者在采取可能的应急措施后撤离作业场所。

生产经营单位不得因从业人员在前款紧急情况下停止作业或者采取紧急撤离措施而降低其工资、福利等待遇或者解除与其订立的劳动合同。

第五十三条　因生产安全事故受到损害的从业人员，除依法享有工伤保险外，依照有关民事法律尚有获得赔偿的权利的，有权向本单位提出赔偿要求。

第五十四条　从业人员在作业过程中，应当严格遵守本单位的安全生产规章制度和操作规程，服从管理，正确佩戴和使用劳动防护用品。

第五十五条　从业人员应当接受安全生产教育和培训，掌握本职工作所需的安全生产知识，提高安全生产技能，增强事故预防和应急处理能力。

第五十六条　从业人员发现事故隐患或者其他不安全因素，应当立即向现场安全生产管理人员或者本单位负责人报告；接到报告的人员应当及时予以处理。

第五十七条 工会有权对建设项目的安全设施与主体工程同时设计、同时施工、同时投入生产和使用进行监督，提出意见。

工会对生产经营单位违反安全生产法律、法规，侵犯从业人员合法权益的行为，有权要求纠正；发现生产经营单位违章指挥、强令冒险作业或者发现事故隐患时，有权提出解决的建议，生产经营单位应当及时研究答复；发现危及从业人员生命安全的情况时，有权向生产经营单位建议组织从业人员撤离危险场所，生产经营单位必须立即作出处理。

工会有权依法参加事故调查，向有关部门提出处理意见，并要求追究有关人员的责任。

第五十八条 生产经营单位使用被派遣劳动者的，被派遣劳动者享有本法规定的从业人员的权利，并应当履行本法规定的从业人员的义务。

第四章　安全生产的监督管理

第五十九条 县级以上地方各级人民政府应当根据本行政区域内的安全生产状况，组织有关部门按照职责分工，对本行政区域内容易发生重大生产安全事故的生产经营单位进行严格检查。

安全生产监督管理部门应当按照分类分级监督管理的要求，制定安全生产年度监督检查计划，并按照年度监督检查计划进行监督检查，发现事故隐患，应当及时处理。

第六十条 负有安全生产监督管理职责的部门依照有关法律、法规的规定，对涉及安全生产的事项需要审查批准（包括批准、核准、许可、注册、认证、颁发证照等，下同）或者验收的，必须严格依照有关法律、法规和国家标准或者行业标准规定的安全生产条件和程序进行审查；不符合有关法律、法规和国家标准或者行业标准规定的安全生产条件的，不得批准或者验收通过。对未依法取得批准或者验收合格的单位擅自从事有关活动的，负责行政审批的部门发现或者接到举报后应当立即予以取缔，并依法予以处理。对已经依法取得批准的单位，负责行政审批的部门发现其不再具备安全生产条件的，应当撤销原批准。

第六十一条　负有安全生产监督管理职责的部门对涉及安全生产的事项进行审查、验收，不得收取费用；不得要求接受审查、验收的单位购买其指定品牌或者指定生产、销售单位的安全设备、器材或者其他产品。

第六十二条　安全生产监督管理部门和其他负有安全生产监督管理职责的部门依法开展安全生产行政执法工作，对生产经营单位执行有关安全生产的法律、法规和国家标准或者行业标准的情况进行监督检查，行使以下职权：

（一）进入生产经营单位进行检查，调阅有关资料，向有关单位和人员了解情况；

（二）对检查中发现的安全生产违法行为，当场予以纠正或者要求限期改正；对依法应当给予行政处罚的行为，依照本法和其他有关法律、行政法规的规定作出行政处罚决定；

（三）对检查中发现的事故隐患，应当责令立即排除；重大事故隐患排除前或者排除过程中无法保证安全的，应当责令从危险区域内撤出作业人员，责令暂时停产停业或者停止使用相关设施、设备；重大事故隐患排除后，经审查同意，方可恢复生产经营和使用；

（四）对有根据认为不符合保障安全生产的国家标准或者行业标准的设施、设备、器材以及违法生产、储存、使用、经营、运输的危险物品予以查封或者扣押，对违法生产、储存、使用、经营危险物品的作业场所予以查封，并依法作出处理决定。

第六十三条　生产经营单位对负有安全生产监督管理职责

的部门的监督检查人员（以下统称安全生产监督检查人员）依法履行监督检查职责，应当予以配合，不得拒绝、阻挠。

第六十四条　安全生产监督检查人员应当忠于职守，坚持原则，秉公执法。

安全生产监督检查人员执行监督检查任务时，必须出示有效的监督执法证件；对涉及被检查单位的技术秘密和业务秘密，应当为其保密。

第六十五条　安全生产监督检查人员应当将检查的时间、地点、内容、发现的问题及其处理情况，作出书面记录，并由检查人员和被检查单位的负责人签字；被检查单位的负责人拒绝签字的，检查人员应当将情况记录在案，并向负有安全生产监督管理职责的部门报告。

第六十六条　负有安全生产监督管理职责的部门在监督检查中，应当互相配合，实行联合检查；确需分别进行检查的，应当互通情况，发现存在的安全问题应当由其他有关部门进行处理的，应当及时移送其他有关部门并形成记录备查，接受移送的部门应当及时进行处理。

第六十七条　负有安全生产监督管理职责的部门依法对存在重大事故隐患的生产经营单位作出停产停业、停止施工、停止使用相关设施或者设备的决定，生产经营单位应当依法执行，及时消除事故隐患。生产经营单位拒不执行，有发生生产安全事故的现实危险的，在保证安全的前提下，经本部门主要负责人批准，负有安全生产监督管理职责的部门可以采取通知有关单位停止供电、停止供应民用爆炸物品等措施，强制生产经营单位履行决定。通知应当采用书面形式，有关单位应当予以配合。

负有安全生产监督管理职责的部门依照前款规定采取停止供电措施，除有危及生产安全的紧急情形外，应当提前二十四小时通知生产经营单位。生产经营单位依法履行行政决定、采取相应措施消除事故隐患的，负有安全生产监督管理职责的部门应当及时解除前款规定的措施。

第六十八条 监察机关依照行政监察法的规定，对负有安全生产监督管理职责的部门及其工作人员履行安全生产监督管理职责实施监察。

第六十九条 承担安全评价、认证、检测、检验的机构应当具备国家规定的资质条件，并对其作出的安全评价、认证、检测、检验的结果负责。

第七十条 负有安全生产监督管理职责的部门应当建立举报制度，公开举报电话、信箱或者电子邮件地址，受理有关安全生产的举报；受理的举报事项经调查核实后，应当形成书面材料；需要落实整改措施的，报经有关负责人签字并督促落实。

第七十一条 任何单位或者个人对事故隐患或者安全生产违法行为，均有权向负有安全生产监督管理职责的部门报告或者举报。

第七十二条 居民委员会、村民委员会发现其所在区域内的生产经营单位存在事故隐患或者安全生产违法行为时，应当向当地人民政府或者有关部门报告。

第七十三条 县级以上各级人民政府及其有关部门对报告重大事故隐患或者举报安全生产违法行为的有功人员，给予奖励。具体奖励办法由国务院安全生产监督管理部门会同国务院财政部门制定。

第七十四条 新闻、出版、广播、电影、电视等单位有进行安全生产公益宣传教育的义务，有对违反安全生产法律、法规的行为进行舆论监督的权利。

第七十五条 负有安全生产监督管理职责的部门应当建立安全生产违法行为信息库，如实记录生产经营单位的安全生产违法行为信息；对违法行为情节严重的生产经营单位，应当向社会公告，并通报行业主管部门、投资主管部门、国土资源主

附件1

管部门、证券监督管理机构以及有关金融机构。

第五章　生产安全事故的应急救援与调查处理

第七十六条　国家加强生产安全事故应急能力建设，在重点行业、领域建立应急救援基地和应急救援队伍，鼓励生产经营单位和其他社会力量建立应急救援队伍，配备相应的应急救援装备和物资，提高应急救援的专业化水平。

国务院安全生产监督管理部门建立全国统一的生产安全事故应急救援信息系统，国务院有关部门建立健全相关行业、领域的生产安全事故应急救援信息系统。

第七十七条　县级以上地方各级人民政府应当组织有关部门制定本行政区域内生产安全事故应急救援预案，建立应急救援体系。

第七十八条　生产经营单位应当制定本单位生产安全事故应急救援预案，与所在地县级以上地方人民政府组织制定的生产安全事故应急救援预案相衔接，并定期组织演练。

第七十九条　危险物品的生产、经营、储存单位以及矿山、金属冶炼、城市轨道交通运营、建筑施工单位应当建立应急救援组织；生产经营规模较小的，可以不建立应急救援组织，但应当指定兼职的应急救援人员。

危险物品的生产、经营、储存、运输单位以及矿山、金属冶炼、城市轨道交通运营、建筑施工单位应当配备必要的应急救援器材、设备和物资，并进行经常性维护、保养，保证正常运转。

第八十条　生产经营单位发生生产安全事故后，事故现场有关人员应当立即报告本单位负责人。

单位负责人接到事故报告后，应当迅速采取有效措施，组织抢救，防止事故扩大，减少人员伤亡和财产损失，并按照国家有关规定立即如实报告当地负有安全生产监督管理职责的部

附件 1

门，不得隐瞒不报、谎报或者迟报，不得故意破坏事故现场、毁灭有关证据。

第八十一条 负有安全生产监督管理职责的部门接到事故报告后，应当立即按照国家有关规定上报事故情况。负有安全生产监督管理职责的部门和有关地方人民政府对事故情况不得隐瞒不报、谎报或者迟报。

第八十二条 有关地方人民政府和负有安全生产监督管理职责的部门的负责人接到生产安全事故报告后，应当按照生产安全事故应急救援预案的要求立即赶到事故现场，组织事故抢救。

参与事故抢救的部门和单位应当服从统一指挥，加强协同联动，采取有效的应急救援措施，并根据事故救援的需要采取警戒、疏散等措施，防止事故扩大和次生灾害的发生，减少人员伤亡和财产损失。

事故抢救过程中应当采取必要措施，避免或者减少对环境造成的危害。

任何单位和个人都应当支持、配合事故抢救，并提供一切便利条件。

第八十三条 事故调查处理应当按照科学严谨、依法依规、实事求是、注重实效的原则，及时、准确地查清事故原因，查明事故性质和责任，总结事故教训，提出整改措施，并对事故责任者提出处理意见。事故调查报告应当依法及时向社会公布。事故调查和处理的具体办法由国务院制定。

事故发生单位应当及时全面落实整改措施，负有安全生产监督管理职责的部门应当加强监督检查。

第八十四条 生产经营单位发生生产安全事故，经调查确定为责任事故的，除了应当查明事故单位的责任并依法予以追究外，还应当查明对安全生产的有关事项负有审查批准和监督职责的行政部门的责任，对有失职、渎职行为的，依照本法第八十七条的规定追究法律责任。

第八十五条　任何单位和个人不得阻挠和干涉对事故的依法调查处理。

第八十六条　县级以上地方各级人民政府安全生产监督管理部门应当定期统计分析本行政区域内发生生产安全事故的情况，并定期向社会公布。

第六章　法律责任

第八十七条　负有安全生产监督管理职责的部门的工作人员，有下列行为之一的，给予降级或者撤职的处分；构成犯罪的，依照刑法有关规定追究刑事责任：

（一）对不符合法定安全生产条件的涉及安全生产的事项予以批准或者验收通过的；

（二）发现未依法取得批准、验收的单位擅自从事有关活动或者接到举报后不予取缔或者不依法予以处理的；

（三）对已经依法取得批准的单位不履行监督管理职责，发现其不再具备安全生产条件而不撤销原批准或者发现安全生产违法行为不予查处的；

（四）在监督检查中发现重大事故隐患，不依法及时处理的。

负有安全生产监督管理职责的部门的工作人员有前款规定以外的滥用职权、玩忽职守、徇私舞弊行为的，依法给予处分；构成犯罪的，依照刑法有关规定追究刑事责任。

第八十八条　负有安全生产监督管理职责的部门，要求被审查、验收的单位购买其指定的安全设备、器材或者其他产品的，在对安全生产事项的审查、验收中收取费用的，由其上级机关或者监察机关责令改正，责令退还收取的费用；情节严重的，对直接负责的主管人员和其他直接责任人员依法给予处分。

第八十九条　承担安全评价、认证、检测、检验工作的机构，出具虚假证明的，没收违法所得；违法所得在十万元以上的，并处违法所得二倍以上五倍以下的罚款；没有违法所得或者违法所得不足十万元的，单处或者并处十万元以上二十万元以下的罚款；对其直接负责的主管人员和其他直接责任人员处二万元以上五万元以下的罚款；给他人造成损害的，与生产经营单位承担连带赔偿责任；构成犯罪的，依照刑法有关规定追究刑事责任。

对有前款违法行为的机构，吊销其相应资质。

第九十条 生产经营单位的决策机构、主要负责人或者个人经营的投资人不依照本法规定保证安全生产所必需的资金投入，致使生产经营单位不具备安全生产条件的，责令限期改正，提供必需的资金；逾期未改正的，责令生产经营单位停产停业整顿。

有前款违法行为，导致发生生产安全事故的，对生产经营单位的主要负责人给予撤职处分，对个人经营的投资人处二万元以上二十万元以下的罚款；构成犯罪的，依照刑法有关规定追究刑事责任。

第九十一条 生产经营单位的主要负责人未履行本法规定的安全生产管理职责的，责令限期改正；逾期未改正的，处二万元以上五万元以下的罚款，责令生产经营单位停产停业整顿。

生产经营单位的主要负责人有前款违法行为，导致发生生产安全事故的，给予撤职处分；构成犯罪的，依照刑法有关规定追究刑事责任。

生产经营单位的主要负责人依照前款规定受刑事处罚或者撤职处分的，自刑罚执行完毕或者受处分之日起，五年内不得担任任何生产经营单位的主要负责人；对重大、特别重大生产安全事故负有责任的，终身不得担任本行业生产经营单位的主要负责人。

第九十二条 生产经营单位的主要负责人未履行本法规定

的安全生产管理职责，导致发生生产安全事故的，由安全生产监督管理部门依照下列规定处以罚款：

（一）发生一般事故的，处上一年年收入百分之三十的罚款；

（二）发生较大事故的，处上一年年收入百分之四十的罚款；

（三）发生重大事故的，处上一年年收入百分之六十的罚款；

（四）发生特别重大事故的，处上一年年收入百分之八十的罚款。

第九十三条 生产经营单位的安全生产管理人员未履行本法规定的安全生产管理职责的，责令限期改正；导致发生生产安全事故的，暂停或者撤销其与安全生产有关的资格；构成犯罪的，依照刑法有关规定追究刑事责任。

第九十四条 生产经营单位有下列行为之一的，责令限期改正，可以处五万元以下的罚款；逾期未改正的，责令停产停业整顿，并处五万元以上十万元以下的罚款，对其直接负责的主管人员和其他直接责任人员处一万元以上二万元以下的罚款：

（一）未按照规定设置安全生产管理机构或者配备安全生产管理人员的；

（二）危险物品的生产、经营、储存单位以及矿山、金属冶炼、建筑施工、道路运输单位的主要负责人和安全生产管理人员未按照规定经考核合格的；

（三）未按照规定对从业人员、被派遣劳动者、实习学生进行安全生产教育和培训，或者未按照规定如实告知有关的安全生产事项的；

（四）未如实记录安全生产教育和培训情况的；

（五）未将事故隐患排查治理情况如实记录或者未向从业人员通报的；

（六）未按照规定制定生产安全事故应急救援预案或者未定期组织演练的；

（七）特种作业人员未按照规定经专门的安全作业培训并取得相应资格，上岗作业的。

第九十五条 生产经营单位有下列行为之一的，责令停止建设或者停产停业整顿，限期改正；逾期未改正的，处五十万元以上一百万元以下的罚款，对其直接负责的主管人员和其他直接责任人员处二万元以上五万元以下的罚款；构成犯罪的，依照刑法有关规定追究刑事责任：

（一）未按照规定对矿山、金属冶炼建设项目或者用于生产、储存、装卸危险物品的建设项目进行安全评价的；

（二）矿山、金属冶炼建设项目或者用于生产、储存、装卸危险物品的建设项目没有安全设施设计或者安全设施设计未按照规定报经有关部门审查同意的；

（三）矿山、金属冶炼建设项目或者用于生产、储存、装卸危险物品的建设项目的施工单位未按照批准的安全设施设计施工的；

（四）矿山、金属冶炼建设项目或者用于生产、储存危险物品的建设项目竣工投入生产或者使用前，安全设施未经验收合格的。

第九十六条 生产经营单位有下列行为之一的，责令限期改正，可以处五万元以下的罚款；逾期未改正的，处五万元以上二十万元以下的罚款，对其直接负责的主管人员和其他直接责任人员处一万元以上二万元以下的罚款；情节严重的，责令停产停业整顿；构成犯罪的，依照刑法有关规定追究刑事责任：

（一）未在有较大危险因素的生产经营场所和有关设施、设备上设置明显的安全警示标志的；

（二）安全设备的安装、使用、检测、改造和报废不符合国家标准或者行业标准的；

（三）未对安全设备进行经常性维护、保养和定期检测的；

（四）未为从业人员提供符合国家标准或者行业标准的劳动防护用品的；

（五）危险物品的容器、运输工具，以及涉及人身安全、危险性较大的海洋石油开采特种设备和矿山井下特种设备未经具有专业资质的机构检测、检验合格，取得安全使用证或者安全标志，投入使用的；

（六）使用应当淘汰的危及生产安全的工艺、设备的。

第九十七条 未经依法批准，擅自生产、经营、运输、储存、使用危险物品或者处置废弃危险物品的，依照有关危险物品安全管理的法律、行政法规的规定予以处罚；构成犯罪的，依照刑法有关规定追究刑事责任。

第九十八条 生产经营单位有下列行为之一的，责令限期改正，可以处十万元以下的罚款；逾期未改正的，责令停产停业整顿，并处十万元以上二十万元以下的罚款，对其直接负责的主管人员和其他直接责任人员处二万元以上五万元以下的罚款；构成犯罪的，依照刑法有关规定追究刑事责任：

（一）生产、经营、运输、储存、使用危险物品或者处置废弃危险物品，未建立专门安全管理制度、未采取可靠的安全措施的；

（二）对重大危险源未登记建档，或者未进行评估、监控，或者未制定应急预案的；

（三）进行爆破、吊装以及国务院安全生产监督管理部门会同国务院有关部门规定的其他危险作业，未安排专门人员进行现场安全管理的；

（四）未建立事故隐患排查治理制度的。

第九十九条 生产经营单位未采取措施消除事故隐患的，责令立即消除或者限期消除；生产经营单位拒不执行的，责令停产停业整顿，并处十万元以上五十万元以下的罚款，对其直接负责的主管人员和其他直接责任人员处二万元以上五万元以下的罚款。

第一百条 生产经营单位将生产经营项目、场所、设备发包或者出租给不具备安全生产条件或者相应资质的单位或者个人的，责令限期改正，没收违法所得；违法所得十万元以上的，并处违法所得二倍以上五倍以下的罚款；没有违法所得或者违法所得不足十万元的，单处或者并处十万元以上二十万元以下的罚款；对其直接负责的主管人员和其他直接责任人员处一万元以上二万元以下的罚款；导致发生生产安全事故给他人造成损害的，与承包方、承租方承担连带赔偿责任。

生产经营单位未与承包单位、承租单位签订专门的安全生产管理协议或者未在承包合同、租赁合同中明确各自的安全生产管理职责，或者未对承包单位、承租单位的安全生产统一协调、管理的，责令限期改正，可以处五万元以下的罚款，对其直接负责的主管人员和其他直接责任人员可以处一万元以下的罚款；逾期未改正的，责令停产停业整顿。

第一百零一条 两个以上生产经营单位在同一作业区域内进行可能危及对方安全生产的生产经营活动，未签订安全生产管理协议或者未指定专职安全生产管理人员进行安全检查与协调的，责令限期改正，可以处五万元以下的罚款，对其直接负责的主管人员和其他直接责任人员可以处一万元以下的罚款；逾期未改正的，责令停产停业。

第一百零二条 生产经营单位有下列行为之一的，责令限期改正，可以处五万元以下的罚款，对其直接负责的主管人员和其他直接责任人员可以处一万元以下的罚款；逾期未改正的，责令停产停业整顿；构成犯罪的，依照刑法有关规定追究刑事责任：

（一）生产、经营、储存、使用危险物品的车间、商店、仓库与员工宿舍在同一座建筑内，或者与员工宿舍的距离不符合安全要求的；

（二）生产经营场所和员工宿舍未设有符合紧急疏散需要、标志明显、保持畅通的出口，或者锁闭、封堵生产经营场所或者员工宿舍出口的。

第一百零三条 生产经营单位与从业人员订立协议，免除或者减轻其对从业人员因生产安全事故伤亡依法应承担的责任的，该协议无效；对生产经营单位的主要负责人、个人经营的投资人处二万元以上十万元以下的罚款。

第一百零四条 生产经营单位的从业人员不服从管理，违反安全生产规章制度或者操作规程的，由生产经营单位给予批评教育，依照有关规章制度给予处分；构成犯罪的，依照刑法有关规定追究刑事责任。

第一百零五条 违反本法规定，生产经营单位拒绝、阻碍负有安全生产监督管理职责的部门依法实施监督检查的，责令改正；拒不改正的，处二万元以上二十万元以下的罚款；对其直接负责的主管人员和其他直接责任人员处一万元以上二万元以下的罚款；构成犯罪的，依照刑法有关规定追究刑事责任。

第一百零六条 生产经营单位的主要负责人在本单位发生生产安全事故时，不立即组织抢救或者在事故调查处理期间擅离职守或者逃匿的，给予降级、撤职的处分，并由安全生产监督管理部门处上一年年收入百分之六十至百分之一百的罚款；对逃匿的处十五日以下拘留；构成犯罪的，依照刑法有关规定追究刑事责任。

生产经营单位的主要负责人对生产安全事故隐瞒不报、谎报或者迟报的，依照前款规定处罚。

第一百零七条 有关地方人民政府、负有安全生产监督管理职责的部门，对生产安全事故隐瞒不报、谎报或者迟报的，对直接负责的主管人员和其他直接责任人员依法给予处分；构成犯罪的，依照刑法有关规定追究刑事责任。

附件1

第一百零八条　生产经营单位不具备本法和其他有关法律、行政法规和国家标准或者行业标准规定的安全生产条件，经停产停业整顿仍不具备安全生产条件的，予以关闭；有关部门应当依法吊销其有关证照。

第一百零九条　发生生产安全事故，对负有责任的生产经营单位除要求其依法承担相应的赔偿等责任外，由安全生产监督管理部门依照下列规定处以罚款：

（一）发生一般事故的，处二十万元以上五十万元以下的罚款；

（二）发生较大事故的，处五十万元以上一百万元以下的罚款；

（三）发生重大事故的，处一百万元以上五百万元以下的罚款；

（四）发生特别重大事故的，处五百万元以上一千万元以下的罚款；情节特别严重的，处一千万元以上二千万元以下的罚款。

第一百一十条　本法规定的行政处罚，由安全生产监督管理部门和其他负有安全生产监督管理职责的部门按照职责分工决定。予以关闭的行政处罚由负有安全生产监督管理职责的部门报请县级以上人民政府按照国务院规定的权限决定；给予拘留的行政处罚由公安机关依照治安管理处罚法的规定决定。

第一百一十一条　生产经营单位发生生产安全事故造成人员伤亡、他人财产损失的，应当依法承担赔偿责任；拒不承担或者其负责人逃匿的，由人民法院依法强制执行。

生产安全事故的责任人未依法承担赔偿责任，经人民法院依法采取执行措施后，仍不能对受害人给予足额赔偿的，应当继续履行赔偿义务；受害人发现责任人有其他财产的，可以随时请求人民法院执行。

第七章 附 则

第一百一十二条 本法下列用语的含义：

危险物品，是指易燃易爆物品、危险化学品、放射性物品等能够危及人身安全和财产安全的物品。

重大危险源，是指长期地或者临时地生产、搬运、使用或者储存危险物品，且危险物品的数量等于或者超过临界量的单元（包括场所和设施）。

第一百一十三条 本法规定的生产安全一般事故、较大事故、重大事故、特别重大事故的划分标准由国务院规定。

国务院安全生产监督管理部门和其他负有安全生产监督管理职责的部门应当根据各自的职责分工，制定相关行业、领域重大事故隐患的判定标准。

第一百一十四条 本法自2014年12月1日起施行。

附件 2

中华人民共和国
突发事件应对法

中华人民共和国突发事件应对法

2007年8月30日第十届全国人民代表大会常务委员会第二十九次会议通过，2007年8月30日中华人民共和国主席令第69号公布，自2007年11月1日起施行。

第一章 总 则

第一条 为了预防和减少突发事件的发生，控制、减轻和消除突发事件引起的严重社会危害，规范突发事件应对活动，保护人民生命财产安全，维护国家安全、公共安全、环境安全和社会秩序，制定本法。

第二条 突发事件的预防与应急准备、监测与预警、应急处置与救援、事后恢复与重建等应对活动，适用本法。

第三条 本法所称突发事件，是指突然发生，造成或者可能造成严重社会危害，需要采取应急处置措施予以应对的自然灾害、事故灾难、公共卫生事件和社会安全事件。

按照社会危害程度、影响范围等因素，自然灾害、事故灾难、公共卫生事件分为特别重大、重大、较大和一般四级。法律、行政法规或者国务院另有规定的，从其规定。

突发事件的分级标准由国务院或者国务院确定的部门制定。

第四条 国家建立统一领导、综合协调、分类管理、分级负责、属地管理为主的应急管理体制。

第五条 突发事件应对工作实行预防为主、预防与应急相结合的原则。国家建立重大突发事件风险评估体系，对可能发生的突发事件进行综合性评估，减少重大突发事件的发生，最大限度地减轻重大突发事件的影响。

第六条 国家建立有效的社会动员机制，增强全民的公共安全和防范风险的意识，提高全社会的避险救助能力。

第七条　县级人民政府对本行政区域内突发事件的应对工作负责；涉及两个以上行政区域的，由有关行政区域共同的上一级人民政府负责，或者由各有关行政区域的上一级人民政府共同负责。

突发事件发生后，发生地县级人民政府应当立即采取措施控制事态发展，组织开展应急救援和处置工作，并立即向上一级人民政府报告，必要时可以越级上报。

突发事件发生地县级人民政府不能消除或者不能有效控制突发事件引起的严重社会危害的，应当及时向上级人民政府报告。上级人民政府应当及时采取措施，统一领导应急处置工作。

法律、行政法规规定由国务院有关部门对突发事件的应对工作负责的，从其规定；地方人民政府应当积极配合并提供必要的支持。

第八条　国务院在总理领导下研究、决定和部署特别重大突发事件的应对工作；根据实际需要，设立国家突发事件应急指挥机构，负责突发事件应对工作；必要时，国务院可以派出工作组指导有关工作。

县级以上地方各级人民政府设立由本级人民政府主要负责人、相关部门负责人、驻当地中国人民解放军和中国人民武装警察部队有关负责人组成的突发事件应急指挥机构，统一领导、协调本级人民政府各有关部门和下级人民政府开展突发事件应对工作；根据实际需要，设立相关类别突发事件应急指挥机构，组织、协调、指挥突发事件应对工作。

上级人民政府主管部门应当在各自职责范围内，指导、协助下级人民政府及其相应部门做好有关突发事件的应对工作。

第九条　国务院和县级以上地方各级人民政府是突发事件应对工作的行政领导机关，其办事机构及具体职责由国务院规定。

第十条　有关人民政府及其部门作出的应对突发事件的决

附件2

定、命令，应当及时公布。

第十一条　有关人民政府及其部门采取的应对突发事件的措施，应当与突发事件可能造成的社会危害的性质、程度和范围相适应；有多种措施可供选择的，应当选择有利于最大程度地保护公民、法人和其他组织权益的措施。

公民、法人和其他组织有义务参与突发事件应对工作。

第十二条　有关人民政府及其部门为应对突发事件，可以征用单位和个人的财产。被征用的财产在使用完毕或者突发事件应急处置工作结束后，应当及时返还。财产被征用或者征用后毁损、灭失的，应当给予补偿。

第十三条　因采取突发事件应对措施，诉讼、行政复议、仲裁活动不能正常进行的，适用有关时效中止和程序中止的规定，但法律另有规定的除外。

第十四条　中国人民解放军、中国人民武装警察部队和民兵组织依照本法和其他有关法律、行政法规、军事法规的规定以及国务院、中央军事委员会的命令，参加突发事件的应急救援和处置工作。

第十五条　中华人民共和国政府在突发事件的预防、监测与预警、应急处置与救援、事后恢复与重建等方面，同外国政府和有关国际组织开展合作与交流。

第十六条　县级以上人民政府作出应对突发事件的决定、命令，应当报本级人民代表大会常务委员会备案；突发事件应急处置工作结束后，应当向本级人民代表大会常务委员会作出专项工作报告。

第二章　预防与应急准备

第十七条　国家建立健全突发事件应急预案体系。

国务院制定国家突发事件总体应急预案，组织制定国家突发事件专项应急预案；国务院有关部门根据各自的职责和国务院相关应急预案，制定国家突发事件部门应急预案。

地方各级人民政府和县级以上地方各级人民政府有关部门根据有关法律、法规、规章、上级人民政府及其有关部门的应急预案以及本地区的实际情况，制定相应的突发事件应急预案。

应急预案制定机关应当根据实际需要和情势变化，适时修订应急预案。应急预案的制定、修订程序由国务院规定。

第十八条　应急预案应当根据本法和其他有关法律、法规的规定，针对突发事件的性质、特点和可能造成的社会危害，具体规定突发事件应急管理工作的组织指挥体系与职责和突发事件的预防与预警机制、处置程序、应急保障措施以及事后恢复与重建措施等内容。

第十九条　城乡规划应当符合预防、处置突发事件的需要，统筹安排应对突发事件所必需的设备和基础设施建设，合理确定应急避难场所。

第二十条　县级人民政府应当对本行政区域内容易引发自然灾害、事故灾难和公共卫生事件的危险源、危险区域进行调查、登记、风险评估，定期进行检查、监控，并责令有关单位采取安全防范措施。

省级和设区的市级人民政府应当对本行政区域内容易引发特别重大、重大突发事件的危险源、危险区域进行调查、登记、风险评估，组织进行检查、监控，并责令有关单位采取安全防范措施。

县级以上地方各级人民政府按照本法规定登记的危险源、危险区域，应当按照国家规定及时向社会公布。

第二十一条　县级人民政府及其有关部门、乡级人民政府、街道办事处、居民委员会、村民委员会应当及时调解处理可能引发社会安全事件的矛盾纠纷。

第二十二条　所有单位应当建立健全安全管理制度，定期检查本单位各项安全防范措施的落实情况，及时消除事故隐患；掌握并及时处理本单位存在的可能引发社会安全事件的问题，防止矛盾激化和事态扩大；对本单位可能发生的突发事件和采取安全防范措施的情况，应当按照规定及时向所在地人民政府或者人民政府有关部门报告。

第二十三条 矿山、建筑施工单位和易燃易爆物品、危险化学品、放射性物品等危险物品的生产、经营、储运、使用单位，应当制定具体应急预案，并对生产经营场所、有危险物品的建筑物、构筑物及周边环境开展隐患排查，及时采取措施消除隐患，防止发生突发事件。

第二十四条 公共交通工具、公共场所和其他人员密集场所的经营单位或者管理单位应当制定具体应急预案，为交通工具和有关场所配备报警装置和必要的应急救援设备、设施，注明其使用方法，并显著标明安全撤离的通道、路线，保证安全通道、出口的畅通。

有关单位应当定期检测、维护其报警装置和应急救援设备、设施，使其处于良好状态，确保正常使用。

第二十五条 县级以上人民政府应当建立健全突发事件应急管理培训制度，对人民政府及其有关部门负有处置突发事件职责的工作人员定期进行培训。

第二十六条 县级以上人民政府应当整合应急资源，建立或者确定综合性应急救援队伍。人民政府有关部门可以根据实际需要设立专业应急救援队伍。

县级以上人民政府及其有关部门可以建立由成年志愿者组成的应急救援队伍。单位应当建立由本单位职工组成的专职或者兼职应急救援队伍。

县级以上人民政府应当加强专业应急救援队伍与非专业应急救援队伍的合作，联合培训、联合演练，提高合成应急、协同应急的能力。

第二十七条 国务院有关部门、县级以上地方各级人民政

附件2

府及其有关部门、有关单位应当为专业应急救援人员购买人身意外伤害保险，配备必要的防护装备和器材，减少应急救援人员的人身风险。

第二十八条　中国人民解放军、中国人民武装警察部队和民兵组织应当有计划地组织开展应急救援的专门训练。

第二十九条　县级人民政府及其有关部门、乡级人民政府、街道办事处应当组织开展应急知识的宣传普及活动和必要的应急演练。

居民委员会、村民委员会、企业事业单位应当根据所在地人民政府的要求，结合各自的实际情况，开展有关突发事件应急知识的宣传普及活动和必要的应急演练。

新闻媒体应当无偿开展突发事件预防与应急、自救与互救知识的公益宣传。

第三十条　各级各类学校应当把应急知识教育纳入教学内容，对学生进行应急知识教育，培养学生的安全意识和自救与互救能力。

教育主管部门应当对学校开展应急知识教育进行指导和监督。

第三十一条　国务院和县级以上地方各级人民政府应当采取财政措施，保障突发事件应对工作所需经费。

第三十二条　国家建立健全应急物资储备保障制度，完善重要应急物资的监管、生产、储备、调拨和紧急配送体系。

设区的市级以上人民政府和突发事件易发、多发地区的县级人民政府应当建立应急救援物资、生活必需品和应急处置装备的储备制度。

县级以上地方各级人民政府应当根据本地区的实际情况，与有关企业签订协议，保障应急救援物资、生活必需品和应急处置装备的生产、供给。

第三十三条　国家建立健全应急通信保障体系，完善公用通信网，建立有线与无线相结合、基础电信网络与机动通信系

stat相配套的应急通信系统，确保突发事件应对工作的通信畅通。

第三十四条　国家鼓励公民、法人和其他组织为人民政府应对突发事件工作提供物资、资金、技术支持和捐赠。

第三十五条　国家发展保险事业，建立国家财政支持的巨灾风险保险体系，并鼓励单位和公民参加保险。

第三十六条　国家鼓励、扶持具备相应条件的教学科研机构培养应急管理专门人才，鼓励、扶持教学科研机构和有关企业研究开发用于突发事件预防、监测、预警、应急处置与救援的新技术、新设备和新工具。

第三章　监测与预警

第三十七条　国务院建立全国统一的突发事件信息系统。

县级以上地方各级人民政府应当建立或者确定本地区统一的突发事件信息系统，汇集、储存、分析、传输有关突发事件的信息，并与上级人民政府及其有关部门、下级人民政府及其有关部门、专业机构和监测网点的突发事件信息系统实现互联互通，加强跨部门、跨地区的信息交流与情报合作。

第三十八条　县级以上人民政府及其有关部门、专业机构应当通过多种途径收集突发事件信息。

县级人民政府应当在居民委员会、村民委员会和有关单位建立专职或者兼职信息报告员制度。

获悉突发事件信息的公民、法人或者其他组织，应当立即向所在地人民政府、有关主管部门或者指定的专业机构报告。

第三十九条　地方各级人民政府应当按照国家有关规定向上级人民政府报送突发事件信息。县级以上人民政府有关主管部门应当向本级人民政府相关部门通报突发事件信息。专业机构、监测网点和信息报告员应当及时向所在地人民政府及其有关主管部门报告突发事件信息。

有关单位和人员报送、报告突发事件信息，应当做到及

166

时、客观、真实，不得迟报、谎报、瞒报、漏报。

第四十条　县级以上地方各级人民政府应当及时汇总分析突发事件隐患和预警信息，必要时组织相关部门、专业技术人员、专家学者进行会商，对发生突发事件的可能性及其可能造成的影响进行评估；认为可能发生重大或者特别重大突发事件的，应当立即向上级人民政府报告，并向上级人民政府有关部门、当地驻军和可能受到危害的毗邻或者相关地区的人民政府通报。

第四十一条　国家建立健全突发事件监测制度。

县级以上人民政府及其有关部门应当根据自然灾害、事故灾难和公共卫生事件的种类和特点，建立健全基础信息数据库，完善监测网络，划分监测区域，确定监测点，明确监测项目，提供必要的设备、设施，配备专职或者兼职人员，对可能发生的突发事件进行监测。

第四十二条　国家建立健全突发事件预警制度。

可以预警的自然灾害、事故灾难和公共卫生事件的预警级别，按照突发事件发生的紧急程度、发展势态和可能造成的危害程度分为一级、二级、三级和四级，分别用红色、橙色、黄色和蓝色标示，一级为最高级别。

预警级别的划分标准由国务院或者国务院确定的部门制定。

第四十三条　可以预警的自然灾害、事故灾难或者公共卫生事件即将发生或者发生的可能性增大时，县级以上地方各级人民政府应当根据有关法律、行政法规和国务院规定的权限和程序，发布相应级别的警报，决定并宣布有关地区进入预警期，同时向上一级人民政府报告，必要时可以越级上报，并向当地驻军和可能受到危害的毗邻或者相关地区的人民政府通报。

第四十四条　发布三级、四级警报，宣布进入预警期后，县级以上地方各级人民政府应当根据即将发生的突发事件的特点和可能造成的危害，采取下列措施：

（一）启动应急预案；

（二）责令有关部门、专业机构、监测网点和负有特定职责的人员及时收集、报告有关信息，向社会公布反映突发事件信息的渠道，加强对突发事件发生、发展情况的监测、预报和预警工作；

（三）组织有关部门和机构、专业技术人员、有关专家学者，随时对突发事件信息进行分析评估，预测发生突发事件可能性的大小、影响范围和强度以及可能发生的突发事件的级别；

（四）定时向社会发布与公众有关的突发事件预测信息和分析评估结果，并对相关信息的报道工作进行管理；

（五）及时按照有关规定向社会发布可能受到突发事件危害的警告，宣传避免、减轻危害的常识，公布咨询电话。

第四十五条 发布一级、二级警报，宣布进入预警期后，县级以上地方各级人民政府除采取本法第四十四条规定的措施外，还应当针对即将发生的突发事件的特点和可能造成的危害，采取下列一项或者多项措施：

（一）责令应急救援队伍、负有特定职责的人员进入待命状态，并动员后备人员做好参加应急救援和处置工作的准备；

（二）调集应急救援所需物资、设备、工具，准备应急设施和避难场所，并确保其处于良好状态、随时可以投入正常使用；

（三）加强对重点单位、重要部位和重要基础设施的安全保卫，维护社会治安秩序；

（四）采取必要措施，确保交通、通信、供水、排水、供电、供气、供热等公共设施的安全和正常运行；

（五）及时向社会发布有关采取特定措施避免或者减轻危害的建议、劝告；

（六）转移、疏散或者撤离易受突发事件危害的人员并予以妥善安置，转移重要财产；

（七）关闭或者限制使用易受突发事件危害的场所，控制

附件2

或者限制容易导致危害扩大的公共场所的活动;

（八）法律、法规、规章规定的其他必要的防范性、保护性措施。

第四十六条 对即将发生或者已经发生的社会安全事件,县级以上地方各级人民政府及其有关主管部门应当按照规定向上一级人民政府及其有关主管部门报告,必要时可以越级上报。

第四十七条 发布突发事件警报的人民政府应当根据事态的发展,按照有关规定适时调整预警级别并重新发布。

有事实证明不可能发生突发事件或者危险已经解除的,发布警报的人民政府应当立即宣布解除警报,终止预警期,并解除已经采取的有关措施。

第四章 应急处置与救援

第四十八条 突发事件发生后,履行统一领导职责或者组织处置突发事件的人民政府应当针对其性质、特点和危害程度,立即组织有关部门,调动应急救援队伍和社会力量,依照本章的规定和有关法律、法规、规章的规定采取应急处置措施。

第四十九条 自然灾害、事故灾难或者公共卫生事件发生后,履行统一领导职责的人民政府可以采取下列一项或者多项应急处置措施:

（一）组织营救和救治受害人员,疏散、撤离并妥善安置受到威胁的人员以及采取其他救助措施;

（二）迅速控制危险源,标明危险区域,封锁危险场所,划定警戒区,实行交通管制以及其他控制措施;

（三）立即抢修被损坏的交通、通信、供水、排水、供电、供气、供热等公共设施,向受到危害的人员提供避难场所和生活必需品,实施医疗救护和卫生防疫以及其他保障措施;

（四）禁止或者限制使用有关设备、设施,关闭或者限制使用有关场所,中止人员密集的活动或者可能导致危害扩大的生产经营活动以及采取其他保护措施；

（五）启用本级人民政府设置的财政预备费和储备的应急救援物资，必要时调用其他急需物资、设备、设施、工具；

（六）组织公民参加应急救援和处置工作，要求具有特定专长的人员提供服务；

（七）保障食品、饮用水、燃料等基本生活必需品的供应；

（八）依法从严惩处囤积居奇、哄抬物价、制假售假等扰乱市场秩序的行为，稳定市场价格，维护市场秩序；

（九）依法从严惩处哄抢财物、干扰破坏应急处置工作等扰乱社会秩序的行为，维护社会治安；

（十）采取防止发生次生、衍生事件的必要措施。

第五十条 社会安全事件发生后，组织处置工作的人民政府应当立即组织有关部门并由公安机关针对事件的性质和特点，依照有关法律、行政法规和国家其他有关规定，采取下列一项或者多项应急处置措施：

（一）强制隔离使用器械相互对抗或者以暴力行为参与冲突的当事人，妥善解决现场纠纷和争端，控制事态发展；

（二）对特定区域内的建筑物、交通工具、设备、设施以及燃料、燃气、电力、水的供应进行控制；

（三）封锁有关场所、道路，查验现场人员的身份证件，限制有关公共场所内的活动；

（四）加强对易受冲击的核心机关和单位的警卫，在国家机关、军事机关、国家通讯社、广播电台、电视台、外国驻华使领馆等单位附近设置临时警戒线；

（五）法律、行政法规和国务院规定的其他必要措施。

严重危害社会治安秩序的事件发生时，公安机关应当立即依法出动警力，根据现场情况依法采取相应的强制性措施，尽快使社会秩序恢复正常。

第五十一条 发生突发事件，严重影响国民经济正常运行时，国务院或者国务院授权的有关主管部门可以采取保障、控制等必要的应急措施，保障人民群众的基本生活需要，最大限度地减轻突发事件的影响。

第五十二条　履行统一领导职责或者组织处置突发事件的人民政府，必要时可以向单位和个人征用应急救援所需设备、设施、场地、交通工具和其他物资，请求其他地方人民政府提供人力、物力、财力或者技术支援，要求生产、供应生活必需品和应急救援物资的企业组织生产、保证供给，要求提供医疗、交通等公共服务的组织提供相应的服务。

履行统一领导职责或者组织处置突发事件的人民政府，应当组织协调运输经营单位，优先运送处置突发事件所需物资、设备、工具、应急救援人员和受到突发事件危害的人员。

第五十三条　履行统一领导职责或者组织处置突发事件的人民政府，应当按照有关规定统一、准确、及时发布有关突发事件事态发展和应急处置工作的信息。

第五十四条　任何单位和个人不得编造、传播有关突发事件事态发展或者应急处置工作的虚假信息。

第五十五条　突发事件发生地的居民委员会、村民委员会和其他组织应当按照当地人民政府的决定、命令，进行宣传动员，组织群众开展自救和互救，协助维护社会秩序。

第五十六条　受到自然灾害危害或者发生事故灾难、公共卫生事件的单位，应当立即组织本单位应急救援队伍和工作人员营救受害人员，疏散、撤离、安置受到威胁的人员，控制危险源，标明危险区域，封锁危险场所，并采取其他防止危害扩大的必要措施，同时向所在地县级人民政府报告；对因本单位的问题引发的或者主体是本单位人员的社会安全事件，有关单位应当按照规定上报情况，并迅速派出负责人赶赴现场开展劝解、疏导工作。

突发事件发生地的其他单位应当服从人民政府发布的决

附件2

定、命令，配合人民政府采取的应急处置措施，做好本单位的应急救援工作，并积极组织人员参加所在地的应急救援和处置工作。

第五十七条　突发事件发生地的公民应当服从人民政府、居民委员会、村民委员会或者所属单位的指挥和安排，配合人民政府采取的应急处置措施，积极参加应急救援工作，协助维护社会秩序。

第五章　事后恢复与重建

第五十八条　突发事件的威胁和危害得到控制或者消除后，履行统一领导职责或者组织处置突发事件的人民政府应当停止执行依照本法规定采取的应急处置措施，同时采取或者继续实施必要措施，防止发生自然灾害、事故灾难、公共卫生事件的次生、衍生事件或者重新引发社会安全事件。

第五十九条　突发事件应急处置工作结束后，履行统一领导职责的人民政府应当立即组织对突发事件造成的损失进行评估，组织受影响地区尽快恢复生产、生活、工作和社会秩序，制定恢复重建计划，并向上一级人民政府报告。

受突发事件影响地区的人民政府应当及时组织和协调公安、交通、铁路、民航、邮电、建设等有关部门恢复社会治安秩序，尽快修复被损坏的交通、通信、供水、排水、供电、供气、供热等公共设施。

第六十条　受突发事件影响地区的人民政府开展恢复重建工作需要上一级人民政府支持的，可以向上一级人民政府提出请求。上一级人民政府应当根据受影响地区遭受的损失和实际情况，提供资金、物资支持和技术指导，组织其他地区提供资金、物资和人力支援。

第六十一条　国务院根据受突发事件影响地区遭受损失的情况，制定扶持该地区有关行业发展的优惠政策。

受突发事件影响地区的人民政府应当根据本地区遭受损失的情况，制定救助、补偿、抚慰、抚恤、安置等善后工作计划并组织实施，妥善解决因处置突发事件引发的矛盾和纠纷。

公民参加应急救援工作或者协助维护社会秩序期间，其在本单位的工资待遇和福利不变；表现突出、成绩显著的，由县级以上人民政府给予表彰或者奖励。

县级以上人民政府对在应急救援工作中伤亡的人员依法给予抚恤。

第六十二条　履行统一领导职责的人民政府应当及时查明突发事件的发生经过和原因，总结突发事件应急处置工作的经验教训，制定改进措施，并向上一级人民政府提出报告。

第六章　法　律　责　任

第六十三条　地方各级人民政府和县级以上各级人民政府有关部门违反本法规定，不履行法定职责的，由其上级行政机关或者监察机关责令改正；有下列情形之一的，根据情节对直接负责的主管人员和其他直接责任人员依法给予处分：

（一）未按规定采取预防措施，导致发生突发事件，或者未采取必要的防范措施，导致发生次生、衍生事件的；

（二）迟报、谎报、瞒报、漏报有关突发事件的信息，或者通报、报送、公布虚假信息，造成后果的；

（三）未按规定及时发布突发事件警报、采取预警期的措施，导致损害发生的；

（四）未按规定及时采取措施处置突发事件或者处置不当，造成后果的；

（五）不服从上级人民政府对突发事件应急处置工作的统一领导、指挥和协调的；

（六）未及时组织开展生产自救、恢复重建等善后工作的；

（七）截留、挪用、私分或者变相私分应急救援资金、物资的；

（八）不及时归还征用的单位和个人的财产，或者对被征用财产的单位和个人不按规定给予补偿的。

第六十四条　有关单位有下列情形之一的，由所在地履行统一领导职责的人民政府责令停产停业，暂扣或者吊销许可证或者营业执照，并处五万元以上二十万元以下的罚款；构成违反治安管理行为的，由公安机关依法给予处罚：

（一）未按规定采取预防措施，导致发生严重突发事件的；

（二）未及时消除已发现的可能引发突发事件的隐患，导致发生严重突发事件的；

（三）未做好应急设备、设施日常维护、检测工作，导致发生严重突发事件或者突发事件危害扩大的；

（四）突发事件发生后，不及时组织开展应急救援工作，造成严重后果的。

前款规定的行为，其他法律、行政法规规定由人民政府有关部门依法决定处罚的，从其规定。

第六十五条　违反本法规定，编造并传播有关突发事件事态发展或者应急处置工作的虚假信息，或者明知是有关突发事件事态发展或者应急处置工作的虚假信息而进行传播的，责令改正，给予警告；造成严重后果的，依法暂停其业务活动或者吊销其执业许可证；负有直接责任的人员是国家工作人员的，还应当对其依法给予处分；构成违反治安管理行为的，由公安机关依法给予处罚。

第六十六条　单位或者个人违反本法规定，不服从所在地人民政府及其有关部门发布的决定、命令或者不配合其依法采取的措施，构成违反治安管理行为的，由公安机关依法给予处罚。

第六十七条　单位或者个人违反本法规定，导致突发事件发生或者危害扩大，给他人人身、财产造成损害的，应当依法承担民事责任。

第六十八条 违反本法规定，构成犯罪的，依法追究刑事责任。

<h2 style="text-align:center">第七章 附 则</h2>

第六十九条 发生特别重大突发事件，对人民生命财产安全、国家安全、公共安全、环境安全或者社会秩序构成重大威胁，采取本法和其他有关法律、法规、规章规定的应急处置措施不能消除或者有效控制、减轻其严重社会危害，需要进入紧急状态的，由全国人民代表大会常务委员会或者国务院依照宪法和其他有关法律规定的权限和程序决定。

紧急状态期间采取的非常措施，依照有关法律规定执行或者由全国人民代表大会常务委员会另行规定。

第七十条 本法自2007年11月1日起施行。

附件 3

突发事件应急预案管理办法

突发事件应急预案管理办法

2013年10月25日印发

第一章 总 则

第一条 为规范突发事件应急预案（以下简称应急预案）管理，增强应急预案的针对性、实用性和可操作性，依据《中华人民共和国突发事件应对法》等法律、行政法规，制订本办法。

第二条 本办法所称应急预案，是指各级人民政府及其部门、基层组织、企事业单位、社会团体等为依法、迅速、科学、有序应对突发事件，最大程度减少突发事件及其造成的损害而预先制定的工作方案。

第三条 应急预案的规划、编制、审批、发布、备案、演练、修订、培训、宣传教育等工作，适用本办法。

第四条 应急预案管理遵循统一规划、分类指导、分级负责、动态管理的原则。

第五条 应急预案编制要依据有关法律、行政法规和制度，紧密结合实际，合理确定内容，切实提高针对性、实用性和可操作性。

第二章 分类和内容

第六条 应急预案按照制定主体划分，分为政府及其部门应急预案、单位和基层组织应急预案两大类。

第七条 政府及其部门应急预案由各级人民政府及其部门制定，包括总体应急预案、专项应急预案、部门应急预案等。

总体应急预案是应急预案体系的总纲，是政府组织应对突发事件的总体制度安排，由县级以上各级人民政府制定。

专项应急预案是政府为应对某一类型或某几种类型突发事件，或者针对重要目标物保护、重大活动保障、应急资源保障等重要专项工作而预先制定的涉及多个部门职责的工作方案，由有关部门牵头制订，报本级人民政府批准后印发实施。

部门应急预案是政府有关部门根据总体应急预案、专项应急预案和部门职责，为应对本部门（行业、领域）突发事件，或者针对重要目标物保护、重大活动保障、应急资源保障等涉及部门工作而预先制定的工作方案，由各级政府有关部门制定。

鼓励相邻、相近的地方人民政府及其有关部门联合制定应对区域性、流域性突发事件的联合应急预案。

第八条 总体应急预案主要规定突发事件应对的基本原则、组织体系、运行机制，以及应急保障的总体安排等，明确相关各方的职责和任务。

针对突发事件应对的专项和部门应急预案，不同层级的预案内容各有所侧重。国家层面专项和部门应急预案侧重明确突发事件的应对原则、组织指挥机制、预警分级和事件分级标准、信息报告要求、分级响应及响应行动、应急保障措施等，重点规范国家层面应对行动，同时体现政策性和指导性；省级专项和部门应急预案侧重明确突发事件的组织指挥机制、信息报告要求、分级响应及响应行动、队伍物资保障及调动程序、市县级政府职责等，重点规范省级层面应对行动，同时体现指导性；市县级专项和部门应急预案侧重明确突发事件的组织指挥机制、风险评估、监测预警、信息报告、应急处置措施、队伍物资保障及调动程序等内容，重点规范市（地）级和县级层面应对行动，体现应急处置的主体职能；乡镇街道专项和部门应急预案侧重明确突发事件的预警信息传播、组织先期处置和自救互救、信息收集报告、人员临时安置等内容，重点规范乡镇层面应对行动，体现先期处置特点。

179

针对重要基础设施、生命线工程等重要目标物保护的专项和部门应急预案，侧重明确风险隐患及防范措施、监测预警、信息报告、应急处置和紧急恢复等内容。

针对重大活动保障制定的专项和部门应急预案，侧重明确活动安全风险隐患及防范措施、监测预警、信息报告、应急处置、人员疏散撤离组织和路线等内容。

针对为突发事件应对工作提供队伍、物资、装备、资金等资源保障的专项和部门应急预案，侧重明确组织指挥机制、资源布局、不同种类和级别突发事件发生后的资源调用程序等内容。

联合应急预案侧重明确相邻、相近地方人民政府及其部门间信息通报、处置措施衔接、应急资源共享等应急联动机制。

第九条 单位和基层组织应急预案由机关、企业、事业单位、社会团体和居委会、村委会等法人和基层组织制定，侧重明确应急响应责任人、风险隐患监测、信息报告、预警响应、应急处置、人员疏散撤离组织和路线、可调用或可请求援助的应急资源情况及如何实施等，体现自救互救、信息报告和先期处置特点。

大型企业集团可根据相关标准规范和实际工作需要，参照国际惯例，建立本集团应急预案体系。

第十条 政府及其部门、有关单位和基层组织可根据应急预案，并针对突发事件现场处置工作灵活制定现场工作方案，侧重明确现场组织指挥机制、应急队伍分工、不同情况下的应对措施、应急装备保障和自我保障等内容。

第十一条 政府及其部门、有关单位和基层组织可结合本地区、本部门和本单位具体情况，编制应急预案操作手册，内容一般包括风险隐患分析、处置工作程序、响应措施、应急队伍和装备物资情况，以及相关单位联络人员和电话等。

第十二条 对预案应急响应是否分级、如何分级、如何界定分级响应措施等，由预案制定单位根据本地区、本部门和本

附件3

单位的实际情况确定。

第三章 预 案 编 制

第十三条 各级人民政府应当针对本行政区域多发易发突发事件、主要风险等，制定本级政府及其部门应急预案编制规划，并根据实际情况变化适时修订完善。

单位和基层组织可根据应对突发事件需要，制定本单位、本基层组织应急预案编制计划。

第十四条 应急预案编制部门和单位应组成预案编制工作小组，吸收预案涉及主要部门和单位业务相关人员、有关专家及有现场处置经验的人员参加。编制工作小组组长由应急预案编制部门或单位有关负责人担任。

第十五条 编制应急预案应当在开展风险评估和应急资源调查的基础上进行。

（一）风险评估。针对突发事件特点，识别事件的危害因素，分析事件可能产生的直接后果以及次生、衍生后果，评估各种后果的危害程度，提出控制风险、治理隐患的措施。

（二）应急资源调查。全面调查本地区、本单位第一时间可调用的应急队伍、装备、物资、场所等应急资源状况和合作区域内可请求援助的应急资源状况，必要时对本地居民应急资源情况进行调查，为制定应急响应措施提供依据。

第十六条 政府及其部门应急预案编制过程中应当广泛听取有关部门、单位和专家的意见，与相关的预案作好衔接。涉及其他单位职责的，应当书面征求相关单位意见。必要时，向社会公开征求意见。

单位和基层组织应急预案编制过程中，应根据法律、行政法规要求或实际需要，征求相关公民、法人或其他组织的意见。

附件 3

第四章　审批、备案和公布

第十七条　预案编制工作小组或牵头单位应当将预案送审稿及各有关单位复函和意见采纳情况说明、编制工作说明等有关材料报送应急预案审批单位。因保密等原因需要发布应急预案简本的，应当将应急预案简本一起报送审批。

第十八条　应急预案审核内容主要包括预案是否符合有关法律、行政法规，是否与有关应急预案进行了衔接，各方面意见是否一致，主体内容是否完备，责任分工是否合理明确，应急响应级别设计是否合理，应对措施是否具体简明、管用可行等。必要时，应急预案审批单位可组织有关专家对应急预案进行评审。

第十九条　国家总体应急预案报国务院审批，以国务院名义印发；专项应急预案报国务院审批，以国务院办公厅名义印发；部门应急预案由部门有关会议审议决定，以部门名义印发，必要时，可以由国务院办公厅转发。

地方各级人民政府总体应急预案应当经本级人民政府常务会议审议，以本级人民政府名义印发；专项应急预案应当经本级人民政府审批，必要时经本级人民政府常务会议或专题会议审议，以本级人民政府办公厅（室）名义印发；部门应急预案应当经部门有关会议审议，以部门名义印发，必要时，可以由本级人民政府办公厅（室）转发。

单位和基层组织应急预案须经本单位或基层组织主要负责人或分管负责人签发，审批方式根据实际情况确定。

第二十条　应急预案审批单位应当在应急预案印发后的20个工作日内依照下列规定向有关单位备案：

（一）地方人民政府总体应急预案报送上一级人民政府备案。

（二）地方人民政府专项应急预案抄送上一级人民政府有

关主管部门备案。

（三）部门应急预案报送本级人民政府备案。

（四）涉及需要与所在地政府联合应急处置的中央单位应急预案，应当向所在地县级人民政府备案。

法律、行政法规另有规定的从其规定。

第二十一条　自然灾害、事故灾难、公共卫生类政府及其部门应急预案，应向社会公布。对确需保密的应急预案，按有关规定执行。

第五章　应　急　演　练

第二十二条　应急预案编制单位应当建立应急演练制度，根据实际情况采取实战演练、桌面推演等方式，组织开展人员广泛参与、处置联动性强、形式多样、节约高效的应急演练。

专项应急预案、部门应急预案至少每3年进行一次应急演练。

地震、台风、洪涝、滑坡、山洪泥石流等自然灾害易发区域所在地政府，重要基础设施和城市供水、供电、供气、供热等生命线工程经营管理单位，矿山、建筑施工单位和易燃易爆物品、危险化学品、放射性物品等危险物品生产、经营、储运、使用单位，公共交通工具、公共场所和医院、学校等人员密集场所的经营单位或者管理单位等，应当有针对性地经常组织开展应急演练。

第二十三条　应急演练组织单位应当组织演练评估。评估的主要内容包括：演练的执行情况，预案的合理性与可操作性，指挥协调和应急联动情况，应急人员的处置情况，演练所用设备装备的适用性，对完善预案、应急准备、应急机制、应急措施等方面的意见和建议等。

鼓励委托第三方进行演练评估。

附件3

第六章　评估和修订

第二十四条　应急预案编制单位应当建立定期评估制度，分析评价预案内容的针对性、实用性和可操作性，实现应急预案的动态优化和科学规范管理。

第二十五条　有下列情形之一的，应当及时修订应急预案：

（一）有关法律、行政法规、规章、标准、上位预案中的有关规定发生变化的；

（二）应急指挥机构及其职责发生重大调整的；

（三）面临的风险发生重大变化的；

（四）重要应急资源发生重大变化的；

（五）预案中的其他重要信息发生变化的；

（六）在突发事件实际应对和应急演练中发现问题需要作出重大调整的；

（七）应急预案制定单位认为应当修订的其他情况。

第二十六条　应急预案修订涉及组织指挥体系与职责、应急处置程序、主要处置措施、突发事件分级标准等重要内容的，修订工作应参照本办法规定的预案编制、审批、备案、公布程序组织进行。仅涉及其他内容的，修订程序可根据情况适当简化。

第二十七条　各级政府及其部门、企事业单位、社会团体、公民等，可以向有关预案编制单位提出修订建议。

第七章　培训和宣传教育

第二十八条　应急预案编制单位应当通过编发培训材料、举办培训班、开展工作研讨等方式，对与应急预案实施密切相关的管理人员和专业救援人员等组织开展应急预案培训。

各级政府及其有关部门应将应急预案培训作为应急管理培训的重要内容，纳入领导干部培训、公务员培训、应急管理干部日常培训内容。

第二十九条 对需要公众广泛参与的非涉密的应急预案，编制单位应当充分利用互联网、广播、电视、报刊等多种媒体广泛宣传，制作通俗易懂、好记管用的宣传普及材料，向公众免费发放。

第八章 组 织 保 障

第三十条 各级政府及其有关部门应对本行政区域、本行业（领域）应急预案管理工作加强指导和监督。国务院有关部门可根据需要编写应急预案编制指南，指导本行业（领域）应急预案编制工作。

第三十一条 各级政府及其有关部门、各有关单位要指定专门机构和人员负责相关具体工作，将应急预案规划、编制、审批、发布、演练、修订、培训、宣传教育等工作所需经费纳入预算统筹安排。

第九章 附 则

第三十二条 国务院有关部门、地方各级人民政府及其有关部门、大型企业集团等可根据实际情况，制定相关实施办法。

第三十三条 本办法由国务院办公厅负责解释。

第三十四条 本办法自印发之日起施行。

交通运输突发事件
应急管理规定

交通运输突发事件应急管理规定

2011年11月14日交通运输部令〔2011〕第9号公布　自2012年1月1日起施行。

第一章　总　　则

第一条　为规范交通运输突发事件应对活动，控制、减轻和消除突发事件引起的危害，根据《中华人民共和国突发事件应对法》和有关法律、行政法规，制定本规定。

第二条　交通运输突发事件的应急准备、监测与预警、应急处置、终止与善后等活动，适用本规定。

本规定所称交通运输突发事件，是指突然发生，造成或者可能造成交通运输设施毁损，交通运输中断、阻塞，重大船舶污染及海上溢油应急处置等，需要采取应急处置措施，疏散或者救援人员，提供应急运输保障的自然灾害、事故灾难、公共卫生事件和社会安全事件。

第三条　国务院交通运输主管部门主管全国交通运输突发事件应急管理工作。

县级以上各级交通运输主管部门按照职责分工负责本辖区内交通运输突发事件应急管理工作。

第四条　交通运输突发事件应对活动应当遵循属地管理原则，在各级地方人民政府的统一领导下，建立分级负责、分类管理、协调联动的交通运输应急管理体制。

第五条　县级以上各级交通运输主管部门应当会同有关部门建立应急联动协作机制，共同加强交通运输突发事件应急管理工作。

第二章　应　急　准　备

第六条　国务院交通运输主管部门负责编制并发布国家交通运输应急保障体系建设规划，统筹规划、建设国家级交通运输突发事件应急队伍、应急装备和应急物资保障基地，储备应急运力，相关内容纳入国家应急保障体系规划。

各省、自治区、直辖市交通运输主管部门负责编制并发布地方交通运输应急保障体系建设规划，统筹规划、建设本辖区应急队伍、应急装备和应急物资保障基地，储备应急运力，相关内容纳入地方应急保障体系规划。

第七条　国务院交通运输主管部门应当根据国家突发事件总体应急预案和相关专项应急预案，制定交通运输突发事件部门应急预案。

县级以上各级交通运输主管部门应当根据本级地方人民政府和上级交通运输主管部门制定的相关突发事件应急预案，制定本部门交通运输突发事件应急预案。

交通运输企业应当按照所在地交通运输主管部门制定的交通运输突发事件应急预案，制定本单位交通运输突发事件应急预案。

第八条　应急预案应当根据有关法律、法规的规定，针对交通运输突发事件的性质、特点、社会危害程度以及可能需要提供的交通运输应急保障措施，明确应急管理的组织指挥体系与职责、监测与预警、处置程序、应急保障措施、恢复与重建、培训与演练等具体内容。

第九条　应急预案的制定、修订程序应当符合国家相关规定。应急预案涉及其他相关部门职能的，在制定过程中应当征求各相关部门的意见。

第十条　交通运输主管部门制定的应急预案应当与本级人民政府及上级交通运输主管部门制定的相关应急预案衔接一致。

附件4

第十一条 交通运输主管部门制定的应急预案应当报上级交通运输主管部门和本级人民政府备案。

公共交通工具、重点港口和场站的经营单位以及储运易燃易爆物品、危险化学品、放射性物品等危险物品的交通运输企业所制定的应急预案，应当向所属地交通运输主管部门备案。

第十二条 应急预案应当根据实际需要、情势变化和演练验证，适时修订。

第十三条 交通运输主管部门、交通运输企业应当按照有关规划和应急预案的要求，根据应急工作的实际需要，建立健全应急装备和应急物资储备、维护、管理和调拨制度，储备必需的应急物资和运力，配备必要的专用应急指挥交通工具和应急通信装备，并确保应急物资装备处于正常使用状态。

第十四条 交通运输主管部门可以根据交通运输突发事件应急处置的实际需要，统筹规划、建设交通运输专业应急队伍。

交通运输企业应当根据实际需要，建立由本单位职工组成的专职或者兼职应急队伍。

第十五条 交通运输主管部门应当加强应急队伍应急能力和人员素质建设，加强专业应急队伍与非专业应急队伍的合作、联合培训及演练，提高协同应急能力。

交通运输主管部门可以根据应急处置的需要，与其他应急力量提供单位建立必要的应急合作关系。

第十六条 交通运输主管部门应当将本辖区内应急装备、应急物资、运力储备和应急队伍的实时情况及时报上级交通运输主管部门和本级人民政府备案。

交通运输企业应当将本单位应急装备、应急物资、运力储备和应急队伍的实时情况及时报所在地交通运输主管部门备案。

第十七条 所有列入应急队伍的交通运输应急人员，其所属单位应当为其购买人身意外伤害保险，配备必要的防护装备和器材，减少应急人员的人身风险。

第十八条　交通运输主管部门可以根据应急处置实际需要鼓励志愿者参与交通运输突发事件应对活动。

第十九条　交通运输主管部门可以建立专家咨询制度，聘请专家或者专业机构，为交通运输突发事件应对活动提供相关意见和支持。

第二十条　交通运输主管部门应当建立健全交通运输突发事件应急培训制度，并结合交通运输的实际情况和需要，组织开展交通运输应急知识的宣传普及活动。

交通运输企业应当按照交通运输主管部门制定的应急预案的有关要求，制订年度应急培训计划，组织开展应急培训工作。

第二十一条　交通运输主管部门、交通运输企业应当根据本地区、本单位交通运输突发事件的类型和特点，制订应急演练计划，定期组织开展交通运输突发事件应急演练。

第二十二条　交通运输主管部门应当鼓励、扶持研究开发用于交通运输突发事件预防、监测、预警、应急处置和救援的新技术、新设备和新工具。

第二十三条　交通运输主管部门应当根据本级人民政府财政预算情况，编列应急资金年度预算，设立突发事件应急工作专项资金。

交通运输企业应当安排应急专项经费，保障交通运输突发事件应急工作的需要。

应急专项资金和经费主要用于应急预案编制及修订、应急培训演练、应急装备和队伍建设、日常应急管理、应急宣传以及应急处置措施等。

第三章　监测与预警

第二十四条　交通运输主管部门应当建立并完善交通运输突发事件信息管理制度，及时收集、统计、分析、报告交通运输突发事件信息。

附件
4

交通运输主管部门应当与各有关部门建立信息共享机制，及时获取与交通运输有关的突发事件信息。

第二十五条 交通运输主管部门应当建立交通运输突发事件风险评估机制，对影响或者可能影响交通运输的相关信息及时进行汇总分析，必要时同相关部门进行会商，评估突发事件发生的可能性及可能造成的损害，研究确定应对措施，制定应对方案。对可能发生重大或者特别重大突发事件的，应当立即向本级人民政府及上一级交通运输主管部门报告相关信息。

第二十六条 交通运输主管部门负责本辖区内交通运输突发事件危险源管理工作。对危险源、危险区域进行调查、登记、风险评估，组织检查、监控，并责令有关单位采取安全防范措施。

交通运输企业应当组织开展企业内交通运输突发事件危险源辨识、评估工作，采取相应安全防范措施，加强危险源监控与管理，并按规定及时向交通运输主管部门报告。

第二十七条 交通运输主管部门应当根据自然灾害、事故灾难、公共卫生事件和社会安全事件的种类和特点，建立健全交通运输突发事件基础信息数据库，配备必要的监测设备、设施和人员，对突发事件易发区域加强监测。

第二十八条 交通运输主管部门应当建立交通运输突发事件应急指挥通信系统。

第二十九条 交通运输主管部门、交通运输企业应当建立应急值班制度，根据交通运输突发事件的种类、特点和实际需要，配备必要值班设施和人员。

第三十条 县级以上地方人民政府宣布进入预警期后，交通运输主管部门应当根据预警级别和可能发生的交通运输突发事件的特点，采取下列措施：

（一）启动相应的交通运输突发事件应急预案；

（二）根据需要启动应急协作机制，加强与相关部门的协调沟通；

（三）按照所属地方人民政府和上级交通运输主管部门的要求，指导交通运输企业采取相关预防措施；

（四）加强对突发事件发生、发展情况的跟踪监测，加强值班和信息报告；

（五）按照地方人民政府的授权，发布相关信息，宣传避免、减轻危害的常识，提出采取特定措施避免或者减轻危害的建议、劝告；

（六）组织应急救援队伍和相关人员进入待命状态，调集应急处置所需的运力和装备，检测用于疏运转移的交通运输工具和应急通信设备，确保其处于良好状态；

（七）加强对交通运输枢纽、重点通航建筑物、重点场站、重点港口、码头、重点运输线路及航道的巡查维护；

（八）法律、法规或者所属地方人民政府提出的其他应急措施。

第三十一条　交通运输主管部门应当根据事态发展以及所属地方人民政府的决定，相应调整或者停止所采取的措施。

第四章　应 急 处 置

第三十二条　交通运输突发事件的应急处置应当在各级人民政府的统一领导下进行。

第三十三条　交通运输突发事件发生后，发生地交通运输主管部门应当立即启动相应的应急预案，在本级人民政府的领导下，组织、部署交通运输突发事件的应急处置工作。

第三十四条　交通运输突发事件发生后，负责或者参与应急处置的交通运输主管部门应当根据有关规定和实际需要，采取以下措施：

（一）组织运力疏散、撤离受困人员，组织搜救突发事件中的遇险人员，组织应急物资运输；

附件 4

（二）调集人员、物资、设备、工具，对受损的交通基础设施进行抢修、抢通或搭建临时性设施；

（三）对危险源和危险区域进行控制，设立警示标志；

（四）采取必要措施，防止次生、衍生灾害发生；

（五）必要时请求本级人民政府和上级交通运输主管部门协调有关部门，启动联合机制，开展联合应急行动；

（六）按照应急预案规定的程序报告突发事件信息以及应急处置的进展情况；

（七）建立新闻发言人制度，按照本级人民政府的委托或者授权及相关规定，统一、及时、准确的向社会和媒体发布应急处置信息；

（八）其他有利于控制、减轻和消除危害的必要措施。

第三十五条 交通运输突发事件超出本级交通运输主管部门处置能力或管辖范围的，交通运输主管部门可以采取以下措施：

（一）根据应急处置需要请求上级交通运输主管部门在资金、物资、设备设施、应急队伍等方面给予支持；

（二）请求上级交通运输主管部门协调突发事件发生地周边交通运输主管部门给予支持；

（三）请求上级交通运输主管部门派出现场工作组及有关专业技术人员给予指导；

（四）按照建立的应急协作机制，协调有关部门参与应急处置。

第三十六条 在需要组织开展大规模人员疏散、物资疏运的情况下，交通运输主管部门应当根据本级人民政府或者上级交通运输主管部门的指令，及时组织运力参与应急运输。

第三十七条 交通运输企业应当加强对本单位应急设备、设施、队伍的日常管理，保证应急处置工作及时、有效开展。

交通运输突发事件应急处置过程中，交通运输企业应当接受交通运输主管部门的组织、调度和指挥。

第三十八条 交通运输主管部门根据应急处置工作的需要，可以征用有关单位和个人的交通运输工具、相关设备和其他物资。有关单位和个人应当予以配合。

第五章 终止与善后

第三十九条 交通运输突发事件的威胁和危害得到控制或者消除后，负责应急处置的交通运输主管部门应当按照相关人民政府的决定停止执行应急处置措施，并按照有关要求采取必要措施，防止发生次生、衍生事件。

第四十条 交通运输突发事件应急处置结束后，负责应急处置工作的交通运输主管部门应当对应急处置工作进行评估，并向上级交通运输主管部门和本级人民政府报告。

第四十一条 交通运输突发事件应急处置结束后，交通运输主管部门应当根据国家有关扶持遭受突发事件影响行业和地区发展的政策规定以及本级人民政府的恢复重建规划，制定相应的交通运输恢复重建计划并组织实施，重建受损的交通基础设施，消除突发事件造成的破坏及影响。

第四十二条 因应急处置工作需要被征用的交通运输工具、装备和物资在使用完毕应当及时返还。交通运输工具、装备、物资被征用或者征用后毁损、灭失的，应当按照相关法律法规予以补偿。

第六章 监督检察

第四十三条 交通运输主管部门应当建立健全交通运输突发事件应急管理监督检查和考核机制。

监督检查应当包含以下内容：

（一）应急组织机构建立情况；

（二）应急预案制订及实施情况；

（三）应急物资储备情况；

（四）应急队伍建设情况；

（五）危险源监测情况；

（六）信息管理、报送、发布及宣传情况；

（七）应急培训及演练情况；

（八）应急专项资金和经费落实情况；

（九）突发事件应急处置评估情况。

第四十四条 交通运输主管部门应当加强对辖区内交通运输企业等单位应急工作的指导和监督。

第四十五条 违反本规定影响交通运输突发事件应对活动有效进行的，由其上级交通运输主管部门责令改正、通报批评；情节严重的，对直接负责的主管人员和其他直接责任人员按照有关规定给予相应处分；造成严重后果的，由有关部门依法给予处罚或追究相应责任。

第七章　附　　则

第四十六条 海事管理机构及各级地方人民政府交通运输主管部门对水上交通安全和防治船舶污染等突发事件的应对活动，依照有关法律法规执行。

一般生产安全事故的应急处置，依照国家有关法律法规执行。

第四十七条 本规定自2012年1月1日起实施。

附件4

附件 **5**

交通运输突发事件
信息报告和处理办法

交通运输突发事件信息报告和处理办法

2010年2月5日印发

第一条 为及时获取并有效处置交通运输突发事件信息，依据《中华人民共和国突发事件应对法》、《国家突发公共事件总体应急预案》、《国家海上搜救应急预案》、《水路交通突发事件应急预案》、《公路交通突发事件应急预案》等法律和相关规定，制定本办法。

第二条 本办法适用于交通运输行业重大及以上突发事件和险情信息（以下简称信息）的报告及处理工作。

第三条 本办法所称重大及以上交通运输突发事件和险情主要包括：

（一）交通运输或交通运输建设施工事故，造成或可能造成10人（含）以上死亡或失踪，或5000万元（含）以上直接经济损失；

（二）滚装客船、涉外旅游船、高速客船和载客30人以上的普通客船发生危及船舶及人员生命安全的事故或险情；3000总吨以上中国籍船舶沉没，或外国籍船舶在我国管辖水域沉没的事故；

（三）交通运输船舶与军用船舶发生碰撞的事件；

（四）载运危险化学品或油类的车、船发生事故，造成或可能造成运输物质泄漏、扩散，导致重大生态环境危害、交通阻塞或威胁人民生命安全；

（五）重要以上港口遭受严重损失，一般港口瘫痪或遭受灾难性损失的事件；

（六）重要以上港口或中央管理的交通运输行业企业所属油品码头、危险品仓储堆场发生火灾、爆炸等事件；

（七）长江干线、珠江、京杭运河、黑龙江界河等国家重要干线航道发生严重堵塞或断航，难以在24小时以内恢复通航的事件；

（八）国家干线公路交通毁坏、中断、阻塞或者大量车辆积压、人员滞留，抢修、处置时间预计在12小时以上的事件；

（九）国家干线公路桥梁、隧道以及国、省重点水运设施发生垮塌的事件；

（十）重要客运枢纽运行中断，造成大量旅客滞留，恢复运行及人员疏散预计在24小时以上的事件；

（十一）地铁、城市轨道交通发生事故，或遭受恐怖袭击、自然灾害、人为破坏等，导致一条（含）以上线路停运；

（十二）交通运输行业从业人员，特别是公共交通、出租客运、线路客运、水路运输等敏感行业集体罢工或罢运，影响社会出行，在24小时内不能平息的事件；

（十三）30名（含）以上交通运输行业从业人员集体到省级及以上国家机关上访的事件；

（十四）在交通运输行业以及交通运输工具上发现世界卫生组织公布的疫情或发生《中华人民共和国传染病法》规定的甲类传染病的事件；

（十五）中国籍船舶或中资方便旗船舶遭遇海盗袭击的事件；

（十六）车站、港口、船舶、经营性客货运车辆遭受恐怖袭击或极端暴力袭击的事件；

（十七）部属院校发生未经许可的学生集会、游行、罢课等群体事件或发生10人（含）以上集体食物中毒等公共卫生事件；

（十八）其他任何对省级及以上行政区域造成或可能造成重大社会、经济影响或发生在敏感区域、敏感时段的交通运输突发事件。

第四条 信息的报告和处理应遵循及时快速、准确高效、分级报告的原则。

附件
5

第五条　交通运输突发事件信息报告和处理由交通运输部应急办公室（以下简称应急办）管理；中国海上搜救中心总值班室承担信息的接收与报告工作。

第六条　省级交通运输主管部门、部直属单位、中央管理的交通运输行业企业（以下简称交通运输单位）应指定专门机构，实行24小时值班，负责事件信息的核实、报告、跟踪，按职责权限承担或参与相关事件的处理工作。

第七条　本行政区域或辖区内以及本单位发生第三条所列突发事件，交通运输单位应立即将信息以书面或电子邮件形式报部和当地政府，最迟不能晚于2小时。信息报出后必须进行电话确认。

特殊情况不能在2小时内以书面或电子邮件形式报告的，应先以电话等形式报告，并说明理由，待条件许可时再补充。

第八条　信息的内容要简明准确、要素完整、重点突出，应包括以下要素：

（一）事件发生的时间、地点及信息来源；

（二）事件起因、性质、基本过程、已造成的后果以及影响范围和事件发展趋势；

（三）已采取的措施、下一步的工作计划；

（四）信息报送单位、联系人和联系电话等。

第九条　对于情况不够清楚、要素不齐全的信息，要及时核实补充内容，并将后续情况及时上报。

对突发事件处置的新进展、衍生的新情况要及时续报，特别重大事件的处置情况信息应每日一报。

突发事件处置结束后，要进行终报。

第十条　中国海上搜救中心总值班室收到信息后，应立即按规定的程序报分管副部长和部安全总监，并抄报部长（部长外出时，抄报在部主持工作的副部长），同时抄送部应急办和部内相关单位。

第十一条 根据有关规定或相关领导指示，中国海上搜救中心总值班室应于事件发生4小时内将交通运输突发事件信息报国务院总值班室。涉及国务院其他部委的突发事件，应抄送相关部委。

未能在事件发生4小时内报送的，应说明理由。

第十二条 部内相关业务司局负责突发事件的处置工作，应将突发事件处置情况和突发事件的最新进展情况报部领导和部安全总监，抄送部应急办和中国海上搜救中心总值班室。初始信息已上报国务院的应按规定续报国务院总值班室。

第十三条 部领导对交通运输突发事件处置工作的指示或批示，相关业务司局应及时向有关单位传达。

第十四条 交通运输单位以"交通运输值班信息"（简称值班信息，见附件）的形式将事件信息报部；中国海上搜救中心以"交通运输部值班信息"或"海上搜救值班信息"的形式将事件信息报送国务院总值班室。

第十五条 报部"值班信息"应通过传真和电子邮件报送；报国务院总值班室"交通运输部值班信息"通过国务院政府信息网报送。如"值班信息"涉密应按机要渠道报送。

第十六条 对于突发事件情况的统计，按照有关规定执行。

第十七条 部应急办不定期对交通运输单位信息报告情况进行考核，对能够及时准确报告突发事件信息的单位给予通报表扬，对迟报、漏报、谎报或者瞒报的单位予以批评。

第十八条 对于违反本办法，迟报、谎报、瞒报、漏报信息，或者通报、报送、公布虚假信息，造成不良后果的责任人员，有关部门应追究其相应责任。

第十九条 海上搜救信息的报送工作按现行规定执行；法律、法规和规章另有规定的从其规定。

第二十条 交通运输单位可参照本办法制订本单位的信息报告和处理规定。

第二十一条 本办法自印发之日起施行。

附件
5

附件

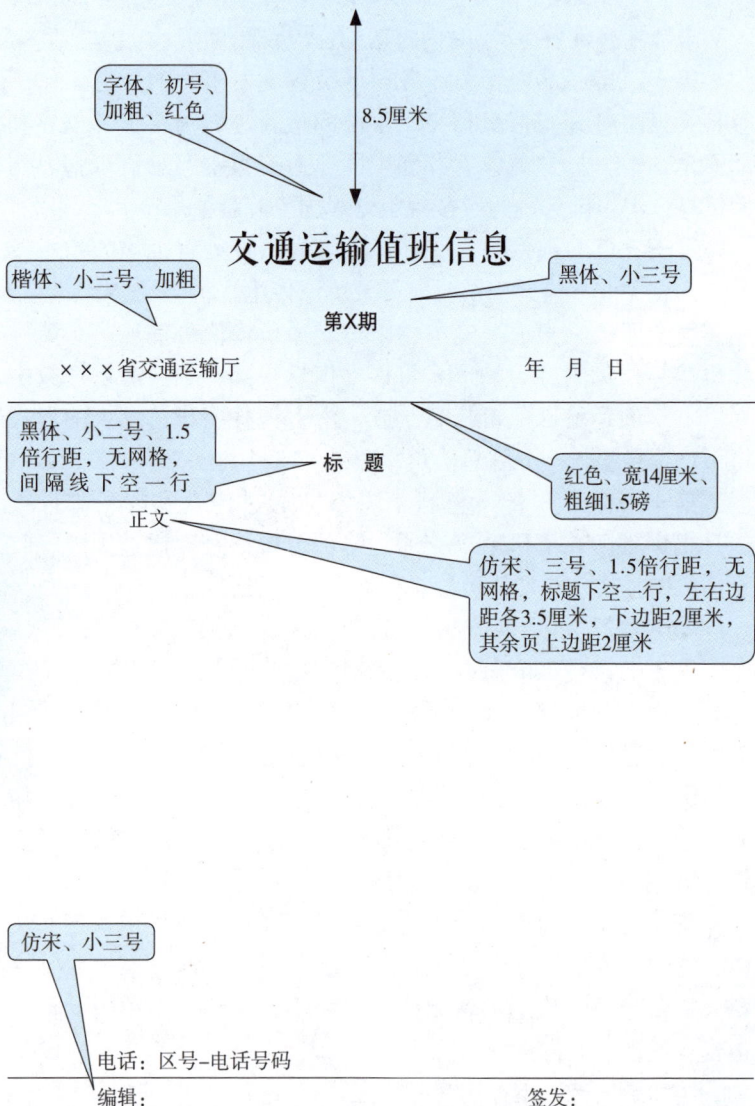

字体、初号、加粗、红色

8.5厘米

交通运输值班信息

楷体、小三号、加粗

黑体、小三号

第X期

×××省交通运输厅　　　　　　　年　月　日

黑体、小二号、1.5倍行距，无网格，间隔线下空一行

标　题

红色、宽14厘米、粗细1.5磅

正文

仿宋、三号、1.5倍行距，无网格，标题下空一行，左右边距各3.5厘米，下边距2厘米，其余页上边距2厘米

仿宋、小三号

电话：区号–电话号码

编辑：　　　　　　　　　　　　签发：

1979 年国际海上
搜寻和救助公约

1979年国际海上搜寻和救助公约

已根据MSC.70（69）及MSC.155（78）更新到最新

第1章　术语和定义

1.1　本附则中使用"须"字时，表明为海上人命安全起见，要求所有当事国一致应用的规定。

1.2　本附则中使用"应"字时，表明为海上人命安全起见，建议所有当事国一致应用的规定。

1.3　本附则中所使用的下列名词术语，其含义如下：

（1）搜寻。——通常由救助协调中心或救助分中心协调的、利用现有的人员和设施以确定遇险人员位置的行动。

（2）救助。——拯救遇险人员、为其提供初步的医疗或其他所需要的服务，并将其转移到安全地点的行动。

（3）搜救服务。——使用公共和私有资源，包括协作的航空器、船舶和其他航行器和装置，履行遇险监测、通信、协调和搜寻救助的职责，包括提供医疗咨询、初步的医疗援助或医疗移送。

（4）搜救区域。——与某一个救助协调中心相关联的、并在其中提供搜救服务的划定明确范围的区域。

（5）救助协调中心。——负责促进某一搜救区域内搜救服务的有效组织并协调搜救行动的单位。

（6）救助分中心。——按照负责当局的特别规定为辅助救助协调中心而设立的隶属于该中心的单位。

（7）搜救设施。——任何可用于搜救行动的移动资源，包括指定的搜救单位。

（8）搜救单位。——由受过培训的人员组成并配有适合于迅速执行搜救行动的设备的单位。

（9）报警点。——作为报告紧急情况的人员与救助中心或救助分中心之间中介的任何设施。

（10）紧急阶段。——根据具体情况系指不明阶段、告警阶段或遇险阶段的通称。

（11）不明阶段——对人员、船舶或其他航行器的安全情况尚不明确的阶段。

（12）告警阶段。——对人员、船舶或其他航行器的安全情况感到忧虑的阶段。

（13）遇险阶段。——有理由相信人员、船舶或其他航行器处于严重和紧迫危险情况而需要立即援助的阶段。

（14）现场协调人——被指定在某个特定区域内协调搜救行动的人员。

（15）秘书长。——指国际海事组织秘书长。

第2章　组织和协调

2.1　提供和协调搜救服务的安排

2.1.1　各当事国，在能够单独地或与其他国家合作和，视情而定，与本组织合作这样做时，须参与开展搜救服务的工作，确保对海上遇险的任何人员提供援助。在收到任何人在海上遇险或可能遇险的信息时，当事国的负责当局应采取紧急步骤，确保提供必要的援助。海上遇险人员的含义还包括在海上偏远之处的岸上避难而无法获得除本附则所规定者以外的救助设施的人员。

2.1.2　各当事国须单独地或，如果适当，与其他国家合作，确定搜救服务的下列基本要素：

（1）法律框架；

（2）指定负责当局；

（3）组织现有资源；

（4）通信设施；

（5）协调和操作职能；

（6）改进服务的方法，包括规划、国内和国际间的合作关系和培训。

各当事国须尽可能地遵守本组织制定的有关最低标准和指南。

2.1.3 为确保提供足够的岸基通信基础设施、高效的遇险报警线路和适当的行动协调，以便有效地支持搜救服务，各当事国须单独地或与其他国家合作，确保按照第2.1.4和2.1.5款的要求，在每一海区建立足够的搜救区域。此种区域应是邻接的，并尽可能不重叠。

2.1.4 每一搜救区域都须通过有关当事国之间的协议来建立，并须将此项协议通知秘书长。

2.1.5 如有关当事国在搜救区域的具体范围上不能达成协议时，这些当事国须尽其最大努力在该区域内提供搜救服务的等效于全国协调的相应安排上达成协议。此项安排须通知秘书长。

2.1.6 有关第2.1.4和2.1.5款中所述区域或安排的协议须由有关当事国予以记录或采用各当事国接受的书面计划形式。

2.1.7 搜救区域的划分不涉及并不得损害国家之间边界的划分。

2.1.8 在考虑按第2.1.4款经协议建立海上搜救区域时或者按第2.1.5款缔结有关适当安排的协议时，如适用，当事国应努力寻求海上和航空搜救服务间的一致性。

2.1.9 已接受为特定区域提供搜救服务责任的各当事国，须使用搜救单位及其他现有设施向海上遇险或可能遇险的人员提供援助。

2.1.10 各当事国须保证对在海上遇险的任何人员提供援助。而无须考虑该人员的国籍、身份或其所处的环境。

2.1.11 各当事国须向秘书长提供有关其搜救服务的信息，

包括：

（1）负责海上搜救服务的国家当局；

（2）建立的负责一个或多个搜救区域及其中的通信的救助协调中心或提供搜救协调的其他中心的位置；

（3）其一个或多个搜救区域的范围及岸上遇险和安全通信设施的覆盖范围；

（4）现有搜救单位的主要类型。

各当事国须优先更新作出任何重要变更的信息。秘书长须将收到的信息转发给所有当事国。

2.1.12　秘书长须将第2.1.4和2.1.5款所提及的协议或安排通知所有当事国。

2.2　开展国家搜救服务

2.2.1　各当事国须为搜救服务的全面开展、协调和改进，制定适当的国家程序。

2.2.2　为支持高效的搜救行动，各当事国须：

（1）确保现有设施的协调使用。

（2）在可能有助于改进作业、计划、培训、演习和研制等方面的搜救服务的机构和组织间建立密切合作。

2.3　建立救助协调中心和救助分中心

2.3.1　为符合第2.2款的要求，各当事国须单独地或与其他国家合作建立其搜救服务的救助协调中心和其认为适当的救助分中心。

2.3.2　根据第2.3.1款建立的每一救助协调中心和救助分中心，须对接收发生在其搜救区域内的遇险报警做出安排，亦须对与遇险人员、搜救设施及其他救助协调中心或救助分中心之间的通信做出安排。

2.3.3　各救助协调中心须每天24小时值班，并始终配备具有英语工作知识、经过培训的人员。

2.4 与航空服务的协调

2.4.1 各当事国须确保海上与航空服务间最密切、可行的协调，以保障在其搜救区域内或搜救区域上空提供最迅速、有效的搜救服务。

2.4.2 凡可行时，每一当事国应建立为海上和航空两方面服务的联合救助协调中心和救助分中心。

2.4.3 凡建有为同一区域服务的独立的海上和航空救助协调中心或救助分中心，有关的当事国须确保这些中心或分中心之间最密切可行的协调。

2.4.4 各当事国须尽可能确保为海上和航空目的建立的搜救单位使用共同的程序。

2.5 搜救设施的指定

各当事国须查明所有能参与搜救行动的设施，并可将适当的设施指定为搜救单位。

2.6 搜救单位的设备

2.6.1 每一搜救单位都须配备与其任务相适应的设备。

2.6.2 用于投向求救人员的、装有救生设备的容器或包裹，应按本组织通过的标准，用标志指明其所装物品的一般性质。

第3章 国家间的合作

3.1 国家间的合作

3.1.1 各当事国须对其搜救组织作出协调，凡必要时均应与邻国的搜救组织协调搜救行动。

3.1.2 除有关国家之间另有协议外，当事国在其适用的本国法律、法规和规章的约束下，应批准其他当事国的救助单位，仅为搜寻发生海难地点和救助该海难中遇险人员的目的，立即进入或越过其领海或领土。在这种情况下，只要可行，搜救行动须由批准进入的当事国的相应救助协调中心或该当事国指定的其他当局加以协调。

3.1.3 除有关国家之间另有协议外，一当事国的当局仅为搜寻发生海难地点和救助该海难中遇险人员的目的，希望其救助单位进入或越过另一当事国领海或领土，须向该另一当事国的助协调中心或该当事国指定的其他当局发出请求，并详细说明所计划的任务及其必要性。

3.1.4 各当事国的负责当局须：

（1）立即确认已收到此项请求；

（2）如果有的话，尽早指明执行预定任务的条件。

3.1.5 各当事国应与邻国缔结协议，对搜救单位彼此进入或越过其领海或领土的条件作出规定。这些协议还应规定以可能的最少手续来加速此种单位的进入。

3.1.6 每一当事国应授权其救助协调中心：

（1）向其他救助协调中心请求必要的援助，包括船舶、航空器、人员或设备；

（2）对于此类船舶、航空器、人员或设备进入或越过其领海或领土给予必要的许可；

（3）与相应的海关、移民、卫生或其他当局作出加速此种进入的必要安排；

（4）与其他救助协调中心合作做出必要安排，以便为海上遇险人员确定最合适的下船地点。

3.1.7 每一当事国须确保其救助协调中心在收到请求时，向其他救助协调中心提供包括船舶、航空器、人员或设备的援助。

3.1.8 适当时，当事国应与其他国家缔结协议以加强搜救合作和协调。当事国应授权其负责当局与其他国家的负责当局一起做出搜救合作和协调的行动计划和安排。

3.1.9 当事国应协调合作，以确保那些向海上遇险人员提供援助而让这些人上船的船长解除责任，尽最大可能不使其更远地偏离预定航程，只要解除船长的这种责任不会进一步威胁

附件
6

海上人命安全。对提供此种援助所在搜救区域负责的当事国应承担确保开展这种协调与合作的首要责任，从而受援的幸存者能从施救船舶上岸并被送往安全场所，同时考虑到事件的特殊情境和本组织制订的导则。在这些情况下，相关当事国应在合理可行时尽快为此种下船做出安排。

第4章　工 作 程 序

4.1　准备性措施

4.1.1　每一救助协调中心和救助分中心须备有最新信息，特别是有关搜救设施和与其区域内的搜救行动相关的现有通信。

4.1.2　每一救助协调中心及救助分中心应能随时取得在其区域内能向海上遇险的人员、船舶或其他航行器提供援助的船舶的船位、航向、航速的信息和如何与其联络的信息。该信息应保存在救助协调中心或在必要时可随时得到。

4.1.3　每一救助协调中心及救助分中心须有进行搜救行动的详细的计划。适当时，须与可能提供搜救服务或可能得益于搜救服务的人员的代表共同制定这些计划。

4.1.4　救助协调中心或分中心须始终了解搜救单位的准备状况。

4.2　紧急情况信息

4.2.1　各当事国须单独地或与其他国家合作确保它们每天24小时均能迅速和可靠地接收在其搜救区域内用于此目的的设备发来的遇险报警。收到遇险报警的任何告警点须：

（1）立即将该报警转发适当的救助协调中心或分中心，然后视情况对搜救通信予以帮助；

（2）如可行，对报警进行确认。

4.2.2　适当时，各当事国须确保对通信设备的登记和紧急情况的反应作出适当的有效安排，使救助协调中心或分中心能迅速使用有关登记信息。

附件6

4.2.3 任何当局或搜救服务单位，在有理由认为人员、船舶或其他航行器处于紧急状态时，须尽快将所有现有信息发给有关的救助协调中心或救助分中心。

4.2.4 在收到人员、船舶或其他航行器处于紧急状态的信息后，救助协调中心或救助分中心须立即对此种信息作出评估，并按第4.4款确定紧急阶段和所需行动范围。

4.3 初步行动

收到遇险事故信息的任何搜救单位，如能提供帮助，须立即采取初步行动并须在任何情况下及时通知事故在其区域中发生的搜救协调中心或救助分中心。

4.4 紧急阶段

为帮助确定适当的工作程序，救助协调中心或分中心须对下列紧急阶段作出区分：

（1）不明阶段：

①收到人员失踪的报告，或船舶或其他航行器未能如期抵达时；

②人员、船舶或其他航行器未作出预期的船位或安全报告时。

（2）告警阶段：

①继不明阶段之后与人员、船舶或其他航行器建立联络的尝试失败，并且向其他有关方面的查询不成功时；

②收到的信息表明船舶或其他航行器的运行效率受到损害但尚未达到可能处于遇险状况的程度时。

（3）遇险阶段：

①收到人员、船舶或其他航行器处于危险状况并需要立即援助的确切信息时；

②继告警阶段后与人员、船舶或其他航行器建立联络的进一步尝试失败和进行更广泛查询不成功表明有遇险情况的可能性时；或

附件
6

③收到的信息表明船舶或其他航行器的运行效率受到损害并达到可能处于遇险状况的程度时。

4.5 救助协调中心和救助分中心在紧急阶段期间应使用的程序

4.5.1 在宣布不明阶段后，救助协调中心或救助分中心，视情而定，须开始查询以确定人员、船舶或其他航行器的安全，或须宣布告警阶段。

4.5.2 在宣布告警阶段后，救助协调中心或救助分中心，视情而定，须扩大对失踪人员、船舶或其他航行器的查询，向适当搜救服务部门发出报警，并根据特定事件的情况开始必要行动。

4.5.3 在宣布遇险阶段后，救助协调中心或救助分中心，视情而定，须根据第4.1款的要求，按其工作计划行动。

4.5.4 搜寻对象位置不明时开始搜救行动。

在宣布紧急阶段而搜寻对象的位置不明时，下列规定须适用：

（1）在紧急阶段，除非救助协调中心或救助分中心知道其他中心在行动，否则须承担开始适当行动的责任并与其他中心磋商，以指定一个中心来承担责任；

（2）除经有关中心协议而有其他决定外，有待指定的中心须是按最近报告的搜救对象的位置在其负责区域的中心；

（3）在宣布遇险阶段后，对搜救行动进行协调的中心须视情向其他中心通报所有紧急情况和其后的所有事态发展。

4.5.5 向被宣布处于紧急阶段的人员、船舶或其他航行器传递信息。

凡可能时，负责搜救行动的救助协调中心或救助分中心均须将有关开始搜救行动的信息传递给被宣布处于紧急阶段的人员、船舶或其他航行器。

4.6 涉及两个或多个当事国时的协调

对于涉及多于一个当事国的搜救行动，每一当事国在收到该区域的救助协调中心的请求时，须按照第4.1款所述的工作计划采取适当行动。

4.7　搜救活动的现场协调

4.7.1　从事搜救行动的搜救单位和其他设施的搜救活动须在现场作出协调，以确保最有效的结果。

4.7.2　在有多个设施要从事搜救行动并且救助协调中心或救助分中心认为有此必要时，应尽早并且最好在各设施抵达规定的作业区之前将最有能力的人员指定为现场协调人。须根据现场协调人的显见的能力和作业要求，为现场协调人指定具体责任。

4.7.3　如果没有任何负责的救助协调中心或因任何理由负责的救助协调中心不能对搜救任务作出协调，则涉及的各个设施应通过彼此的协议来指定一位现场协调人。

4.8　搜救行动的终止和中断

4.8.1　可行时，搜救行动须继续至救助幸存者的所有合理希望均已破灭。

4.8.2　有关的负责救助协调中心或救助分中心通常须决定何时停止搜救行动。如果没有任何此种中心对行动进行协调，则现场协调人可作出此种决定。

4.8.3　当救助协调中心或救助分中心根据可靠信息认为搜救行动已获成功或紧急情况已不复存在时，须终止搜救行动，并须立即向已被动员或通知的任何当局、设施或机构作出此种通报。

4.8.4　如果现场搜救行动已变为不可行，而救助协调中心或救助分中心的结论是遇险人员可能依然活着，则该中心可在有新的事态发展前暂时中断搜救行动，并须立即向已被动员或通知的任何当局、设施或机构作出此种通报。须对以后收到的信息作出评估，并在根据此种信息被证明合理时继续搜救行动。

4.8.5　相关救助协调中心或救助分中心应启动为海上遇险

人员确定最合适的下船地点的程序。他们应通知所涉船舶及船舶的其他有关方面。

第5章　船舶报告系统

5.1　综述

5.1.1　在认为必要时，当事国可单独地或与其他国家合作建立船舶报告系统，以便利搜救行动。

5.1.2　拟建立船舶报告系统的各当事国应考虑本组织的有关建议。各当事国还应考虑现有的报告系统或其他有关船位数据来源是否能为该区域提供足够信息，力求将不必要的额外船舶报告或由救助协调中心与多种报告系统进行核查以确定有无船舶可帮助搜救行动的必要性减至最小程度。

5.1.3　船舶报告系统应提供船舶动态的最新信息，以便在发生遇险事故时：

（1）减少从与船舶失去联系时至在未收到任何遇险信号的情况下开始搜救行动之间的间隔；

（2）能迅速查明可能被要求提供援助的船舶；

（3）在遇险人员、船舶或其他航行器的位置不知或不明时，能划出一定范围的搜寻区域；

（4）便利提供紧急医疗援助或咨询。

5.2　运作要求

5.2.1　船舶报告系统应满足下列要求：

（1）提供能确定参与船舶的当时和以后位置的信息，包括航行计划和船位报告；

（2）保持船舶航行的标绘；

（3）接收参与船舶定期的报告；

（4）系统的设计和运作应简单；

（5）使用国际议定的标准船舶报告格式和报告程序。

5.3 报告类型

5.3.1 船舶报告系统应按本组织的建议包括下列类型的船舶报告：

（1）航行计划；

（2）船位报告；

（3）最后报告。

5.4 系统的使用

5.4.1 各当事国应鼓励所有船舶，在航行于已作出为搜救目的收集船位信息安排的区域时，报告其位置。

5.4.2 记录船位信息的各当事国，应尽可能将此种信息发送给为搜救目的要求提供该信息的其他国家。

附件 **7**

公路交通突发事件应急预案

公路交通突发事件应急预案

中华人民共和国交通运输部

2018年3月

1 总　　则

1.1　编制目的

为规范和加强公路交通突发事件的应急管理工作，指导、协调各地建立和完善应急预案体系，有效应对公路交通突发事件，及时保障、恢复公路交通正常运行，制定本预案。

1.2　编制依据

依据《中华人民共和国突发事件应对法》《中华人民共和国公路法》《公路安全保护条例》《突发事件应急预案管理办法》《国家突发公共事件总体应急预案》《交通运输突发事件应急管理规定》《交通运输部突发事件应急工作暂行规范》等相关规定。

1.3　事件分级

本预案所称公路交通突发事件，是指由于自然灾害、事故等原因引发，造成或者可能造成公路交通运行中断，需要及时进行抢修保通、恢复通行能力的，以及由于重要物资、人员运输特殊要求，需要提供公路应急通行保障的紧急事件。

公路交通突发事件按照性质类型、严重程度、可控性和影响范围等因素，分为四个等级：Ⅰ级（特别重大）、Ⅱ级（重大）、Ⅲ级（较大）和Ⅳ级（一般）。

（1）Ⅰ级事件。事态非常复杂，已经或可能造成特别重大人员伤亡、特别重大财产损失，需交通运输部组织协调系统内多方面力量和资源进行应急处置的公路交通突发事件。

（2）Ⅱ级事件。事态复杂，已经或可能造成重大人员伤亡、重大财产损失，需省级交通运输主管部门组织协调系统内多方面力量和资源进行应急处置的公路交通突发事件。

（3）Ⅲ级事件。事态较为复杂，已经或可能造成较大人员伤亡、较大财产损失，需市级交通运输主管部门组织协调系统内多方面力量和资源进行应急处置的公路交通突发事件。

（4）Ⅳ级事件。事态比较简单，已经或可能造成人员伤亡、财产损失，需县级交通运输主管部门组织协调系统内多方面力量和资源进行应急处置的公路交通突发事件。

自然灾害等对公路交通的影响尚不明确，而国家专项应急预案或相关主管部门已明确事件等级标准的，可参照执行。

省级交通运输主管部门可以结合本地区实际情况，对Ⅱ级、Ⅲ级和Ⅳ级公路交通突发事件分级情形进行细化补充。

1.4 适用范围

本预案适用于Ⅰ级公路交通突发事件的应对工作，以及需要由交通运输部指导、支持处置的Ⅰ级以下公路交通突发事件或者其他紧急事件的应对工作。

本预案指导地方公路交通突发事件应急预案的编制和地方交通运输主管部门对公路交通突发事件的应对工作。

1.5 工作原则

（1）依法应对，预防为主。公路交通突发事件应对要坚持以人民为中心的发展思想，严格按照国家相关法律法规要求，不断提高应急科技水平，增强预警预防、应急处置与保障能力，坚持预防与应急相结合，常态与非常态相结合，提高防范意识，做好预案演练、宣传和培训等各项保障工作。

（2）统一领导，分级负责。公路交通突发事件应对以属地管理为主，在人民政府的统一领导下，由交通运输主管部门牵头，结合各地公路管理体制，充分发挥公路管理机构的作用，建立健全责任明确、分级响应、条块结合、保障有力的应急管理体系。

（3）规范有序，协调联动。建立统一指挥、分工明确、反应灵敏、协调有序、运转高效的应急响应程序，加强与其他相关部门的协作，形成优势互补、资源共享的公路交通突发事件应急处置机制，提高应对突发事件的科学决策和指挥能力。

1.6 应急预案体系

（1）国家公路交通突发事件应急预案。交通运输部应对公路交通突发事件和指导地方公路交通突发事件应急预案编制的政策性文件，由交通运输部公布实施。

（2）地方公路交通突发事件应急预案。省、市、县级交通运输主管部门按照交通运输部制定的公路交通突发事件应急预案，在本级人民政府的领导和上级交通运输主管部门的指导下，为及时应对本行政区域内发生的公路交通突发事件而制定的应急预案，由地方交通运输主管部门公布实施。

（3）公路交通企事业单位突发事件应急预案。公路管理机构、公路交通企业等根据国家及地方公路交通突发事件应急预案的要求，结合自身实际，为及时应对可能发生的各类突发事件而制定的应急预案，由各公路交通企事业单位实施。

（4）应急预案操作手册。各级交通运输主管部门、公路交通企事业单位可根据有关应急预案要求，制定与应急预案相配套的工作程序文件。

2 组织体系及职责

公路交通应急组织体系由国家、省、市和县四级组成。

2.1 国家应急组织机构

交通运输部负责全国公路交通突发事件应急处置工作的协调、指导和监督。

2.1.1 应急领导小组

交通运输部在启动公路交通突发事件应急响应时，同步成立交通运输部应对××事件应急工作领导小组（以下简称领导小组）。领导小组是公路交通突发事件的指挥机构，由交通运输部部长或者经部长授权的分管部领导任组长，分管部领导、部总师或者公路局及办公厅、应急办主要负责人任副组长，交通运输部相关司局及路网监测与应急处置中心（以下简称部路网中心）负责人为成员。领导小组主要职责如下：

（1）负责组织协调公路交通突发事件的应急处置工作，发布指挥调度命令，并督促检查执行情况。

（2）根据国务院要求或者根据应急处置需要，成立现场工作组，并派往突发事件现场开展应急处置工作。

（3）根据需要，会同国务院有关部门，制定应对突发事件的联合行动方案，并监督实施。

（4）当突发事件由国务院统一指挥时，领导小组按照国务院的指令，执行相应的应急行动。

（5）决定公路交通突发事件应急响应终止。

（6）其他相关重大事项。

领导小组下设综合协调组、抢通保通组、运输保障组、新闻宣传组、通信保障组、后勤保障组等应急工作组。应急工作组由部相关司局和单位组成，在领导小组统一领导下具体承担应急处置工作，并在终止应急响应时宣布取消。应急工作组组成人员，由各应急工作组组长根据应急工作需要提出，报领导小组批准。视情成立专家组、现场工作组和灾情评估组，在领导小组统一协调下开展工作。

2.1.2 应急工作组

（1）综合协调组。由部应急办或办公厅负责人任组长，视情由部相关司局和单位人员组成。负责起草领导小组工作会议纪要、明传电报、重要报告、综合类文件，向中办信息综合室、国务院总值班室和相关部门报送信息，协助领导小组落实党中央和国务院领导同志以及部领导的有关要求，承办领导小

附件
7

组交办的其他工作。

（2）抢通保通组。由部公路局负责人任组长，视情由部相关司局和单位人员组成。负责组织协调公路抢修保通、跨省应急通行保障工作，组织协调跨省应急队伍调度和应急装备物资调配，拟定跨省公路绕行方案并组织实施，协调武警交通部队和社会力量参与公路抢通工作，拟定抢险救灾资金补助方案。

（3）运输保障组。由部运输服务司负责人任组长，视情由部相关司局和单位人员组成。负责组织协调人员、物资的应急运输保障工作，协调与其他运输方式的联运工作，拟定应急运输征用补偿资金补助方案。

（4）新闻宣传组。由部政策研究室负责人任组长，视情由部相关司局和单位人员组成。负责突发事件的新闻宣传工作。

（5）通信保障组。由部通信信息中心负责人任组长，部通信信息中心相关处室负责人任成员。负责应急处置过程中网络、视频、通信等保障工作。

（6）后勤保障组。由部机关服务中心负责人任组长，部机关服务中心相关处室人员任成员。负责应急响应期间24小时后勤服务保障工作；承办领导小组交办的其他工作。

2.1.3 专家组

专家组由领导小组在专家库中选择与事件处置有关的专家组成。负责对应急准备以及应急行动方案提供专业咨询和建议，根据需要参加公路交通突发事件的应急处置工作。

2.1.4 现场工作组

现场工作组由部公路局带队，相关司局和单位人员组成。现场工作组按照统一部署，在突发事件现场指导开展应急处置工作，并及时向领导小组报告现场有关情况。必要时，现场工作组可由部领导带队。

2.1.5 灾情评估组

灾情评估组由部总师任组长，根据需要由部相关司局和单位人员组成。负责组织灾后调查工作，指导拟定公路灾后恢复重建方案，对突发事件情况、应急处置措施、取得成效、存在的主要问题等进行总结和评估。

2.1.6　日常机构

部路网中心作为国家公路交通应急日常机构，在交通运输部领导下开展工作。

日常状态时，主要承担国家高速公路网、重要干线公路及特大桥梁、长大隧道的运行监测及有关信息的接收、分析、处理和发布，承担全国公路网运行监测、应急处置技术支持等相关政策、规章制度、标准规范的研究、起草工作，承担全国公路网运行监测、重大突发事件预警与应急处置等信息平台的管理和维护，组织公路交通应急培训，参与组织部省联合应急演练，承担应急咨询专家库的建设与管理，承担国家区域性公路交通应急装备物资储备运行管理有关工作等。

应急状态时，在领导小组统一领导下，主要承担全国公路网运行统筹调度、跨省公路绕行、应急抢修保通等事项的组织与协调的有关业务支撑工作，承担与地方公路交通相关机构的联络和全国公路交通突发事件应急信息的内部报送等。

2.2　地方应急组织机构

地方交通运输主管部门负责本行政区域内相应级别公路交通突发事件应急处置工作的组织、协调、指导和监督。

省、市、县级交通运输主管部门可参照国家应急组织机构组建模式，根据本地区实际情况成立应急组织机构，明确相关职责。

3　预防与预警

3.1　预警机制

各级交通运输主管部门应在日常工作中开展预警预防工作，重点做好对气象、国土等部门的预警信息以及公路交通突发事件相关信息的搜集、接收、整理和风险分析工作，完善预测预警联动机制，建立完善预测预警及出行信息发布系统。针对各种可能对公路交通运行产生影响的情况，按照相关程序转发或者联合发布预警信息，做好预防与应对准备工作，并及时向公众发布出行服务信息和提示信息。

3.2 预警信息收集

预警信息及出行服务信息来源包括：

（1）气象、地震、国土资源、水利、公安、安监等有关部门的监测和灾害预报预警信息以及国家重点或者紧急物资运输通行保障需求信息。

（2）各级交通运输主管部门及相关管理机构有关公路交通中断、阻塞的监测信息。

（3）其他需要交通运输主管部门提供应急保障的紧急事件信息。

信息收集内容包括预计发生事件的类型、出现的时间、地点、规模、可能引发的影响及发展趋势等。

3.3 预警信息发布

部路网中心接到可能引发重大公路交通突发事件的相关信息后，及时核实有关情况，确需发布预警信息的，报请公路局，转发预警信息或与气象部门联合发布重大公路气象预警，提示地方交通运输主管部门做好相应防范和准备工作。省级交通运输主管部门接到预警信息后，应当加强应急监测，及时向部路网中心报送路网运行信息，并研究确定应对方案。

地方各级交通运输主管部门或公路管理机构，可根据所在行政区域有关部门发布的预警信息，及其对公路交通影响情况，转发或联合发布预警信息。预警信息发布程序可结合当地实际确定。

3.4　防御响应

3.4.1　防御响应范围

防御响应是根据预警信息，在突发事件发生前采取的应对措施，是预警预防机制的重要内容。根据实际工作需要，本预案主要规定低温雨雪冰冻、强降水等天气下，部本级的防御响应工作。

3.4.2　防御响应程序

（1）部路网中心接到预计全国将出现大范围低温雨雪冰冻天气、区域性强降水，且对公路交通可能造成严重影响的信息时，及时核实有关情况，报部公路局、应急办。

（2）部公路局商部应急办提出启动防御响应建议。

（3）拟启动Ⅰ级防御响应的，经分管部领导同意，报请部长核准后启动；拟启动Ⅱ级防御响应的，经分管部领导同意后启动。启动防御响应时，同步成立领导小组，并将启动防御响应有关信息按规定报中办信息综合室、国务院总值班室，抄送应急协作部门，通知相关省级交通运输主管部门。有关信息需及时向社会公布。

（4）根据事件发展态势，防御响应可转入应急响应，按照应急响应程序处置。

（5）当预计的天气情况未对公路交通造成影响，或天气预警降低为蓝色（一般）级别或解除时，防御响应自动结束。

3.4.3　防御措施

由部领导组织召开会议，部相关司局负责人参加，立即部署防御响应工作，明确工作重点；指导地方各级交通运输主管部门和应急队伍做好装备、物资、人员等各项准备工作；做好和相关部门信息共享和协调联动工作。

部路网中心立即开展应急监测和预警信息专项报送工作，掌握并报告事态进展情况，根据领导小组要求增加报告频率，形成事件动态报告机制。

附件
7

4 应 急 处 置

4.1 分级响应

公路交通突发事件应急响应分为部、省、市、县四级部门响应。交通运输部应急响应分Ⅰ级和Ⅱ级，省、市、县级部门应急响应一般可分为Ⅰ级、Ⅱ级、Ⅲ级和Ⅳ级四个等级。

4.1.1 Ⅰ级公路交通突发事件分级响应

发生Ⅰ级公路交通突发事件时，由交通运输部启动并实施Ⅰ级应急响应，相关省、市、县级交通运输主管部门分别启动并实施本级部门Ⅰ级应急响应。

4.1.2 Ⅱ级公路交通突发事件分级响应

发生Ⅱ级公路交通突发事件时，由省级交通运输主管部门启动并实施省级部门应急响应，相关市、县级交通运输主管部门分别启动并实施本级部门应急响应且响应级别不应低于省级部门应急响应级别。

4.1.3 Ⅲ级公路交通突发事件分级响应

发生Ⅲ级公路交通突发事件时，由市级交通运输主管部门启动并实施市级部门应急响应，相关县级交通运输主管部门启动并实施县级部门应急响应且响应级别不应低于市级部门应急响应级别。

4.1.4 Ⅳ级公路交通突发事件分级响应

发生Ⅳ级公路交通突发事件时，由县级交通运输主管部门启动并实施县级部门应急响应。

4.1.5 专项响应

发生Ⅱ、Ⅲ、Ⅳ级公路交通突发事件时，按照国务院部署，或者根据省级交通运输主管部门请求，或者根据对省、市、县级部门应急响应工作的重点跟踪，交通运输部可视情启动Ⅱ级应急响应，指导、支持地方交通运输主管部门开展应急处置工作。

指导、支持措施主要包括：

（1）派出现场工作组或者有关专业技术人员给予指导。

（2）协调事发地周边省份交通运输主管部门、武警交通部队给予支持。

（3）调用国家区域性公路交通应急装备物资储备给予支持。

（4）在资金等方面给予支持。

4.2　响应启动程序

4.2.1　交通运输部应急响应启动程序

（1）部路网中心接到突发事件信息报告后，及时核实有关情况，报部公路局、应急办。

（2）由部公路局商应急办提出启动Ⅰ、Ⅱ级应急响应建议。

（3）拟启动Ⅰ级应急响应的，经分管部领导同意，报请部长核准后启动，同步成立领导小组，各应急工作组、部路网中心等按照职责开展应急工作，并将启动Ⅰ级应急响应有关信息按规定报中办信息综合室、国务院总值班室，抄送应急协作部门，通知相关省级交通运输主管部门。

（4）拟启动Ⅱ级应急响应的，经分管部领导同意后启动，同步成立领导小组，并按照需要成立相应应急工作组。领导小组组成人员报部长核准。

（5）Ⅱ级应急响应启动后，发现事态扩大并符合Ⅰ级应急响应条件的，按照前款规定及时启动Ⅰ级应急响应。

（6）应急响应启动后，应及时向社会公布。

4.2.2　省、市、县级部门应急响应启动程序

省、市、县级交通运输主管部门根据本地区实际情况，制定本级部门应急响应等级、响应措施及启动程序。省级交通运输主管部门启动Ⅲ级及以上公路交通突发事件应急响应的，应报部路网中心。

4.3　信息报告与处理

交通运输部按有关规定向中办信息综合室、国务院总值班

室及时报送突发事件信息。

交通运输部和应急协作部门建立部际信息快速通报与联动响应机制，明确各相关部门的应急日常管理机构名称和联络方式，确定不同类别预警与应急信息的通报部门，建立信息快速沟通渠道，规定各类信息的通报与反馈时限，形成较为完善的突发事件信息快速沟通机制。

交通运输部和省级交通运输主管部门建立完善部省公路交通应急信息报送与联动机制，部路网中心汇总上报的公路交通突发事件信息，及时向可能受影响的省（区、市）发布。

交通运输部应急响应启动后，事件所涉及省份的相关机构应将应急处置工作进展情况及时报部路网中心，并按照"零报告"制度，形成定时情况简报，直到应急响应终止。具体报送程序、报送方式按照《交通运输突发事件信息报告和处理办法》《交通运输部公路交通阻断信息报送制度》等相关规定执行。部路网中心应及时将进展信息汇总形成每日公路交通突发事件情况简报，上报领导小组。省、市、县级部门应急响应的信息报送与处理，参照交通运输部应急响应执行。信息报告内容包括事件的类型、发生时间、地点、发生原因、影响范围和程度、发展态势、受损情况、已采取的应急处置措施和成效、联系人及联系方式等。

省级交通运输主管部门制定本地信息报送内容要求与处理流程。

4.4 响应终止

4.4.1 应急响应终止程序

（1）部路网中心根据掌握的事件信息，并向事发地省级交通运输主管部门核实公路交通基本恢复运行或者公路交通突发事件得到控制后，报领导小组。

（2）由抢通保通组商综合协调组提出终止Ⅰ、Ⅱ级应急响应建议和后续处理意见。

附件7

（3）拟终止Ⅰ级应急响应的，经领导小组组长同意后终止，或者降低为Ⅱ级应急响应，转入相应等级的应急响应工作程序，同步调整领导小组及下设工作组。

（4）拟终止Ⅱ级应急响应的，经领导小组组长同意后终止。

（5）终止应急响应或降低响应等级的有关信息，按规定报中办信息综合室、国务院总值班室，抄送应急协作部门，通知相关省级交通运输主管部门。

4.4.2 省、市、县级部门应急响应终止程序

省、市、县级交通运输主管部门根据本地区实际情况，制定本级部门应急响应终止程序。

4.5 总结评估

事发地交通运输主管部门应当按照有关要求，及时开展灾后总结评估工作，准确统计公路基础设施损毁情况，客观评估应急处置工作成效，深入总结存在问题和下一步改进措施，并按规定向本级人民政府和上级交通运输主管部门上报总结评估材料。交通运输部应急响应终止后，部公路局及时组织参与单位开展总结评估工作，并报部领导。

5 应 急 保 障

5.1 队伍保障

各级交通运输主管部门按照"统一指挥、分级负责，平急结合、协调运转"的原则建立公路交通突发事件应急队伍。

5.1.1 国家公路交通应急队伍

武警交通部队纳入国家应急救援力量体系，作为国家公路交通应急抢险救援、抢通保通队伍，兵力调动使用按照有关规定执行。

5.1.2 地方公路交通应急队伍

地方交通运输主管部门应当根据路网规模、结构和易发突发事件特点，负责本地应急抢险救援、抢通保通队伍的组建和

日常管理。应急队伍可以专兼结合，充分吸收社会力量参与。

5.1.3 社会力量动员与参与

地方交通运输主管部门应根据本地区实际情况和突发事件特点，制定社会动员方案，明确动员的范围、组织程序、决策程序。在公路交通自有应急力量不能满足应急处置需求时，向本级人民政府提出请求，动员社会力量或协调其他专业应急力量参与应急处置工作。

5.2 装备物资保障

5.2.1 公路交通应急装备物资储备原则

建立实物储备与商业储备相结合、生产能力储备与技术储备相结合、政府采购与政府补贴相结合的应急装备物资储备方式，强化应急装备物资储备能力。储备装备物资时，应统筹考虑交通战备物资储备情况。

5.2.2 公路交通应急装备物资储备体系

公路交通应急装备物资储备体系由国家、省、市三级公路交通应急装备物资储备中心（点）构成。

5.2.3 应急装备物资管理

公路交通应急装备物资储备中心（点）应当建立完善的各项应急物资管理规章制度，制定采购、储存、更新、调拨、回收各个工作环节的程序和规范，加强装备物资储备过程中的监管，防止储备装备物资被盗用、挪用、流失和失效，对各类物资及时予以补充和更新。

当本级应急装备物资储备在数量、种类及时间、地理条件等受限制的情况下，需要调用上一级应急装备物资储备中心（点）装备物资储备时，由上一级交通运输主管部门下达调用指令；需要调用国家区域性公路交通应急装备物资储备中心装备物资储备时，由交通运输部下达调用指令。

5.3 通信保障

在充分整合现有交通通信信息资源的基础上，加快建立和完善"统一管理、多网联动、快速响应、处理有效"的公路交通应急通信系统，确保公路交通突发事件应对工作的通信畅通。

5.4 技术保障

5.4.1 科技支撑

各级交通运输主管部门应当建立健全公路交通突发事件技术支撑体系，加强突发事件管理技术的开发和储备，重点加强智能化的应急指挥通信、预测预警、辅助决策、特种应急抢险等技术装备的应用，建立突发事件预警、分析、评估、决策支持系统，提高防范和处置公路交通突发事件的决策水平。

5.4.2 应急数据库

建立包括专家咨询、知识储备、应急预案、应急队伍与装备物资资源等数据库。

公路交通应急抢险保通和应急运输保障队伍，以及装备物资的数据资料应当定期更新。

公路数据库、农村公路数据库、交通移动应急通信指挥平台数据库、交通量调查数据库等交通运输各业务数据库应当为公路交通突发事件处置工作提供数据支持。在部启动防御响应或应急响应后，相关数据库维护管理单位应当为应急处置工作提供必要的技术支撑，并安排专职应急值班人员。

5.5 资金保障

公路交通应急保障所需的各项经费，应当按照事权、财权划分原则，分级负担，并按规定程序列入各级交通运输主管部门年度预算。

鼓励自然人、法人或者其他组织按照有关法律法规的规定进行捐赠和援助。

各级交通运输主管部门应当建立有效的监管和评估体系，对公路交通突发事件应急保障资金的使用及效果进行监管和评估。

附件
7

5.6　应急演练

交通运输部会同有关单位制定部省联合应急演练计划并组织开展实地演练与模拟演练相结合的多形式应急演练活动。

地方交通运输主管部门要结合所辖区域实际，有计划、有重点地组织应急演练。地方公路交通突发事件应急演练至少每年进行一次，突发事件易发地应当经常组织开展应急演练。应急演练结束后，演练组织单位应当及时组织演练评估。鼓励委托第三方进行演练评估。

5.7　应急培训

各级交通运输主管部门应当将应急教育培训纳入日常管理工作，应急保障相关人员至少每2年接受一次培训，并依据培训记录，对应急人员实行动态管理。

5.8　责任与奖惩

对公路交通突发事件应对工作中做出突出贡献的先进集体和个人要及时地给予宣传、表彰和奖励。

对迟报、谎报、瞒报和漏报重要信息或者应急管理工作有其他失职、渎职行为的，按照有关规定处理。

6　附　　则

6.1　预案管理与更新

出现下列情形之一时，交通运输部将组织修改完善本预案，更新后报国务院：

（1）预案依据的有关法律、行政法规、规章、标准、上位预案中的有关规定发生变化的；

（2）公路交通突发事件应急机构及其职责发生重大变化或调整的；

（3）预案中的其他重要信息发生变化的；

（4）在突发事件实际应对和应急演练中发现问题需要进行重大调整的；

（5）预案制定单位认为应当修订的其他情况。

地方公路交通突发事件应急预案于印发后20个工作日内报本级人民政府和上级交通运输主管部门备案。公路交通企事业单位突发事件应急预案于印发后20个工作日内报所属地交通运输主管部门备案。

6.2 预案监督与检查

上级交通运输主管部门应根据职责，定期组织对下级交通运输主管部门、公路交通企事业单位应急预案编制与执行情况进行监督检查，并予以通报。

监督检查内容主要包括应急预案编制、组织机构及队伍建设、装备物资储备、信息报送与发布、应急培训与演练、应急资金落实、应急评估等情况。

6.3 预案制定与解释

本预案由交通运输部负责制定、组织实施和解释。

6.4 预案实施时间

本预案自印发之日起实施。

附件
7

附件 **8**

水路交通突发事件应急预案

水路交通突发事件应急预案

中华人民共和国交通运输部

2018年3月

1　总　　则

1.1　编制目的

为切实加强水路交通突发事件应急管理，进一步规范信息处理、预警预防、应急响应、培训演练和支持保障等各项应急工作，完善水路交通应急管理体制机制，更加高效、有序地组织协调处置水路交通突发事件，预防、减轻和消除突发事件引起的严重社会危害，及时恢复水路运输正常秩序，保障水路畅通，并指导地方建立完善水路交通应急体制和应急预案体系，制定本预案。

1.2　编制依据

《中华人民共和国突发事件应对法》《中华人民共和国港口法》《中华人民共和国安全生产法》《中华人民共和国航道法》《国内水路运输管理条例》《突发事件应急预案管理办法》《国家突发公共事件总体应急预案》《交通运输突发事件应急管理规定》《交通运输部突发事件应急工作暂行规范》《交通运输突发事件信息处理程序》等。

1.3　水路交通突发事件分类分级

1.3.1　定义及分类

本预案所称水路交通突发事件是指造成或可能造成航道或港口出现中断、瘫痪、重大人员伤亡、财产损失、生态环境破坏和严重社会危害，以及由于社会经济异常波动造成重要物资缺乏等需要由交通运输主管部门协调组织水路紧急运输保障的突发事件。主要包括：

（1）港口瘫痪或遭受灾难性损失，港口危险货物火灾、爆炸事故等；

（2）长江干线、西江航运干线、京杭运河、黑龙江界河等重要干线航道因航道尺度不足或通航条件恶化发生断航或特别严重堵塞等；

（3）由于煤炭、粮食等重要物资缺乏、人员运输特殊要求，需要紧急安排水路运输保障的突发事件。

1.3.2　水路交通突发事件分级

水路交通突发事件按照其性质、严重程度、可控性和影响范围等因素，一般由高到低分为四级：Ⅰ级（特别重大）、Ⅱ级（重大）、Ⅲ级（较大）和Ⅳ级（一般）。事件等级确定标准见附件1。

1.4　适用范围

本预案适用于我国境内发生的Ⅰ级（特别重大）水路交通突发事件，或由国务院责成的、需要由交通运输部负责处置的水路交通突发事件的应急处置工作。Ⅱ级（重大）及以下水路交通突发事件参照本预案执行。

已有国家专项应急预案明确的水上突发事件应对工作，适用其规定。其他水路交通突发事件（如旅客滞留等）按部相关应急预案开展应急处置工作。

1.5　工作原则

（1）依法应对，预防为主

按照相关法律法规要求，坚持预防与应急相结合、常态与非常态相结合，增强忧患意识，做好预案演练、宣传和培训工作，加强应急处置队伍和应急资源建设，建立应急咨询专家库，提高港航企业自救、互救和应对突发事件的综合能力，加强应急技术的研发应用，全面提高水路交通突发事件预防预警、应急处置与保障能力。

（2）属地为主，分级响应

水路交通突发事件应急工作以属地管理为主，在各级人民政府的统一领导下，交通运输主管部门牵头，结合水路交通管理体制，负责辖区内水路交通突发事件应急管理和相应级别突发事件的应急处置工作，建立健全责任明确、分级响应、条块结合、保障有力的水路运输应急管理体系。

（3）快速反应，协调联动

各级交通运输主管部门建立完善的应急工作响应程序，做好水路交通突发事件的信息处理和报送工作，整合行业应急资源和社会应急资源，加强部门协作，发挥各部门、港航企业和社会公众的应急支持作用，建立分工明确、反应灵敏、运转高效、协同应对的应急协调联动机制。

1.6 应急预案体系

根据相关法律法规的要求，结合水路交通突发事件分类分级，水路交通突发事件应急预案体系包括：国家水路交通突发事件应急预案，地方水路交通突发事件应急预案和港航企业的应急预案。

（1）国家水路交通突发事件应急预案

国家水路交通突发事件应急预案是交通运输部应对水路交通突发事件和指导地方开展水路交通突发事件应急管理、应急处置工作的政策性文件，由交通运输部制定公布实施。

（2）地方水路交通突发事件应急预案

地方水路交通突发事件应急预案是由省级、地市级、县级交通运输主管部门根据国家相关法律法规和国家水路交通突发事件应急预案要求，为及时应对辖区内发生的水路交通突发事件而制定的应急预案，由地方交通运输主管部门组织制定并公布实施。

（3）港航企业突发事件应急预案

港航企业突发事件应急预案由各港航企业根据国家及地方

水路交通突发事件应急预案的要求，结合自身实际，为及时应对企业范围内可能发生的各类突发事件而制定的应急预案。由各港航企业组织制定并实施，报当地交通运输主管部门备案。

2 组织体系

水路交通应急组织体系由国家、省、地市和县四级组成。

2.1 国家应急组织机构

交通运输部负责组织指导、协调全国水路交通突发事件应急工作。

2.1.1 应急指挥机构

Ⅰ级应急响应启动的同时，部长或经部长授权的分管部领导宣布成立交通运输部应对××事件应急工作领导小组（以下简称领导小组），领导小组为水路交通突发事件应急指挥机构，具体负责应急行动的指挥与协调。领导小组由部长或经部长授权的分管部领导担任组长，分管部领导、部总师或部应急办、水运局、海事局、办公厅主要负责人担任副组长，相关单位负责人任成员。

领导小组具体职责如下：

（1）负责指挥协调Ⅰ级（特别重大）水路交通突发事件的应急处置工作；

（2）负责协调跨省水路运输应急资源的调度指挥；

（3）根据国务院要求，或根据应急处置需要，参与地方政府组织开展的水路交通突发事件应急处置工作；

（4）贯彻落实国务院、交通运输部应急工作领导小组对重要物资应急运输的指示精神和有关指令，协调、组织好重要物资紧急运输工作；

（5）其他相关重大事项。

领导小组应急指挥场所设在部综合应急指挥中心。

附件 8

2.1.2 应急工作组

领导小组下设综合协调组、应急指挥组、通信保障组、新闻宣传组等工作组，负责应急各项工作的具体实施。视情成立现场工作组、专家组，在领导小组统一领导下开展工作。

根据水路交通突发事件应急工作需要，启动相应工作组。工作组在启动Ⅰ级应急响应时成立。

2.1.3 日常应急管理

在部应急办的统一组织协调下，部水运局承担有关水路交通突发事件日常应急管理工作，部长江航务管理局（以下简称长航局）具体承担长江干线水路交通突发事件日常应急管理工作。主要包括：

（1）做好水路交通突发事件日常应急管理有关工作。

（2）接收、搜集、整理、分析水路交通突发事件相关信息，向部应急办报送水路交通应急信息；会同部应急办初步判定事件等级，及时向领导小组提出启动应急响应的建议。

（3）Ⅰ级应急响应启动后，在领导小组领导下组织开展应急处置工作。

（4）组织开展Ⅱ级应急响应支持工作。

（5）组织做好其他交通运输突发事件应急配合工作。

（6）负责组织制修订水路交通突发事件应急预案。

（7）指导地方水路交通应急预案体系建设。

（8）承办交通运输部应急工作领导小组交办的工作。

Ⅰ级应急响应时水路交通应急组织体系框架见图1。

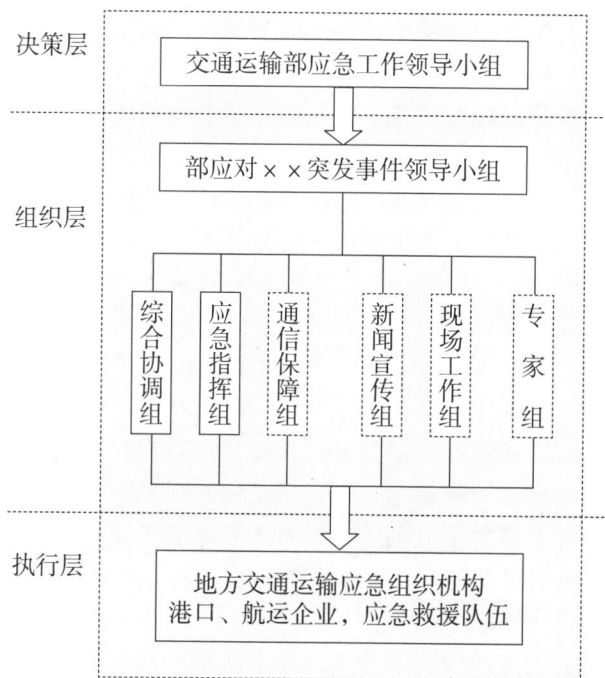

图1　水路交通应急组织体系框图

2.2　地方应急组织机构

省级、地市级、县级交通运输主管部门负责本行政区域内水路交通突发事件应急处置工作的组织、协调、指导和监督。

省级、地市级、县级交通运输主管部门可参照国家级水路交通突发事件应急组织机构组建模式，根据本地区实际情况成立应急组织机构，明确相应职责。

3　预防与预警

3.1　预警信息搜集

预防和预警是通过监测与收集突发事件相关信息，进行分析预测，并作出相应判断，发布预警信息，采取预防措施。水路交通突发事件相关信息包括：可能诱发水路交通突发事件的自然灾害（如气象、海洋、水文、地质等）等相关信息，水路交通突发事件风险源信息，以及需要紧急安排水路运输保障的事件信息。

各级交通运输主管部门应在日常工作中按照《交通运输综合应急预案》的相关要求开展预警预防工作，做好对台风、冬季大风、风暴潮、大雾、暴雨、暴雪、海啸、海冰、低温冰冻雨雪等可能诱发水路交通突发事件的自然灾害信息的搜集、接收、整理和风险分析工作，及时上报相关情况，并通报相关部门。

省级交通运输主管部门及部长航局负责在日常工作中开展其他水路交通风险源信息、突发事件信息以及需要紧急安排水路运输保障的事件信息的收集、整理工作和风险分析工作，做到突发事件的早发现、早预防、早报告、早处置。

3.2 预警信息处理

中国海上搜救中心（部应急办）负责Ⅰ级预警信息发布，当气象、海洋、水利等部门发布的灾害预警达到红色预警时，或接收到省级交通运输主管部门及部长航局报送的其他突发事件信息可能对水路运输造成影响的，部应急办视情商水运局转发预警警报。相关部门根据预警级别，按照其职责和防御响应程序提前做好应对工作。

Ⅱ级及以下预警由相应的地方水路交通应急指挥机构根据各自职责转发预警信息，预警信息发布程序结合当地实际自行确定；同时，在预警过程中如发现事态扩大，超出本级防御能力，应及时上报上一级应急指挥机构，建议提高预警等级。

对于情况较为复杂的突发事件，在事态尚未清楚、但可能引起公众猜测或恐慌时，应在第一时间发布已认定的简要信息，根据事态发展和处置工作进展情况，再作后续详细发布。

附件
8

4 应 急 响 应

4.1 分级响应

发生水路交通突发事件时，相关省级、地市级、县级水路交通突发事件应急组织机构根据实际情况，启动并实施应急响应。

交通运输部应急响应按照水路交通突发事件险情特点、严重程度和影响范围，分为Ⅰ级、Ⅱ级两个响应等级。

发生Ⅰ级水路交通突发事件时，交通运输部启动交通运输部应对××事件Ⅰ级响应，同时成立领导小组组织实施Ⅰ级应急响应。相关省级、地市级、县级水路交通突发事件应急组织机构分别启动并实施本级部门Ⅰ级应急响应。

发生Ⅱ级及以下水路交通突发事件，超出地方应急组织能力，需要由交通运输部予以相应支持的，经省级交通运输主管部门提出，交通运输部视情启动Ⅱ级应急响应支持，协助地方开展应急处置工作。

4.1.1 国家部门应急响应程序

（1）部水运局或应急办接到水路交通突发事件信息后，及时核实有关情况，进行研究分析，符合Ⅰ、Ⅱ级应急响应条件的，部水运局、应急办会商提出启动Ⅰ、Ⅱ级应急响应建议；

（2）拟启动Ⅰ级应急响应的，经分管部领导同意后，报请部长核准。由部长或经部长授权的分管部领导宣布启动交通运输部应对××事件Ⅰ级响应。部应急办将启动实施Ⅰ级应急响应的情况报送国务院应急办。（水路交通突发事件Ⅰ级应急响应及处置程序见图2）

（3）拟启动Ⅱ级应急响应支持的，经分管部领导同意后启动，部水运局会同应急办、海事局、长航局及相关司局、单位组织实施。

附件 8

部水运局或
应急办

- 接警
- 信息处置
- 建议启动
  应急响应

```
                    水路交通突发
                        事件
  获得监测预警          获得风险源
      信息          监控预警信息

            及时上报及通报,记录分析
            核实,初定预警等级和事件
            等级,建议启动应急响应

            进行初始和继续评估并指导
                现场自救与救援
```

领导小组

- 应急响应
- 应急指挥

```
  调整应急等级            信息报送与报警

            召集各应急工作组,拟定
            应急方案、下达应急指令

                恢复与重建
```

各有关应急部门

- 应急清理
- 应急解除
- 后期处置

```
  事件调查处理          经验总结与预案
      与奖惩                改进
```

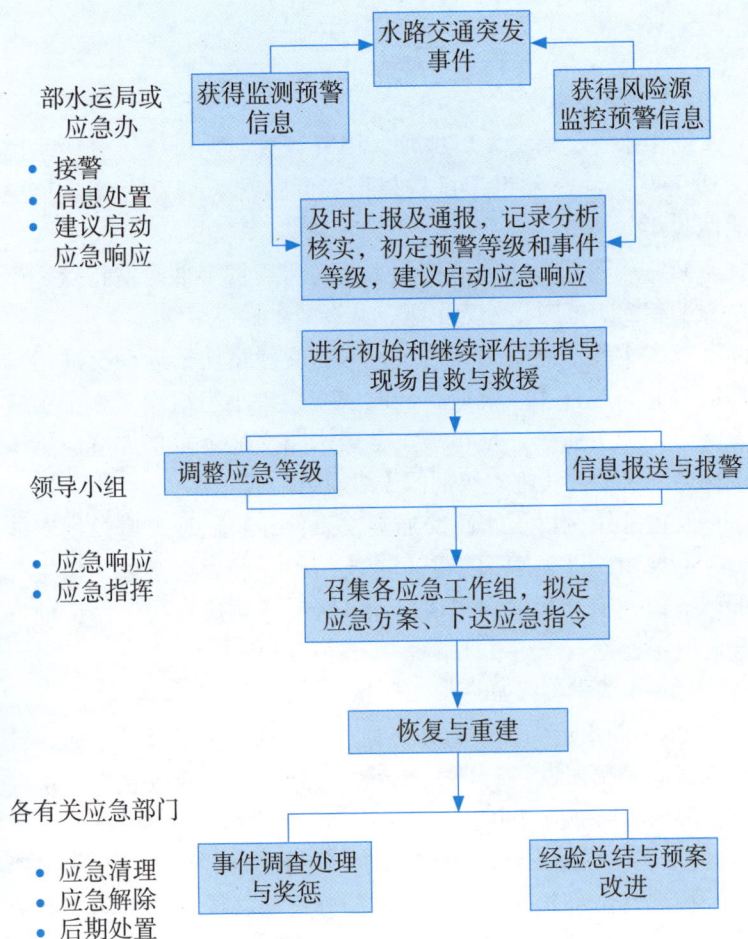

图2　应急响应及处置程序

4.1.2　省市县级应急响应程序

省级、地市级、县级交通运输主管部门可以参照本预案,根据本地区实际,自行确定应急响应级别及程序。对于同一突发事件,下一级交通运输主管部门启动的响应级别应不低于上级部门应急响应级别。

　　各级交通运输主管部门在启动实施本级应急响应的同时，应将应急响应情况报送上一级交通运输主管部门。各级交通运输主管部门在处理超出本级范围的突发事件，需要上一级交通运输主管部门协调处置时，应及时提出请求。

4.2　信息报告和处理

4.2.1　信息报告与传递

　　事发地相关交通运输部门负责水路交通突发事件现场信息的采集、分析和报送，追踪事件进展，及时掌握最新动态，将事件情况及时报送上级交通运输主管部门，并通报有关单位。

　　信息报告的主要方式是网络、电话、传真及其他通信手段，需要重点采集的信息包括：

　　（1）事件类型、时间、地点、事件性质、事件发生原因、影响范围及发展态势，事故港口和航道的名称、设施及装卸储运情况和联系方式；

　　（2）事件造成的破坏、损失、人员伤亡等情况；

　　（3）危险品及危险品种类，发生泄漏、起火爆炸等潜在危险及已采取的措施；

　　（4）到达现场进行处置的单位、人员及组织情况；已经采取的措施、效果，已发出的援助要求和已开展救援活动的时间、设备、联系人等；

　　（5）现场环境情况及近期动态预报，包括风向风力、涌浪大小、冰情、能见度、潮汐、水流流速和流向等。

　　应急信息在特别紧急情况下，可电话报送，并做好书面记录。涉密信息通过机要渠道报送。

　　Ⅰ级应急响应的信息报告基本要求是每天2次，由省级交通运输主管部门按照要求填报。

　　Ⅱ级应急响应启动后，事件所涉及的省级交通运输主管部门应将事件处置进展情况分析汇总后随时上报部应急办、部水运局。

4.2.2　涉外信息报告

如果突发事件中的伤亡、失踪、被困人员中有港澳台人员或外籍人员，或者突发事件可能影响到境外，需要向有关国家或港、澳、台地区有关机构进行通报时，事发地交通运输主管部门应将信息内容逐级上报到部应急办，由其向有关部门通报信息。

4.2.3　信息处理（部内信息处理）

接收到应急信息的单位和个人应及时、准确报告突发事件信息。部应急办会同部内业务司局负责相应突发事件信息的分析工作，追踪事件进展，及时掌握最新动态，发布相关信息。

4.3　应急响应行动

4.3.1　I级响应行动

I级应急响应时，在领导小组统一领导指挥下，各应急工作组负责及时收集、掌握相关信息，根据灾害特点、类别，应急物资的分布等，采取果断措施，精心指导、协调、组织应急处置措施的落实，并及时将事件最新动态和处置情况上报领导小组。

4.3.1.1　工作会议

I级响应启动后，领导小组组长、副组长及全体成员立即进入部综合应急指挥中心，召开领导小组第一次工作会议，成立综合协调组、应急指挥组、新闻宣传组等，议定I级响应期间领导小组各项工作制度，指挥开展应急工作。应急响应期间，根据事件发展变化情况，视情召开后续工作会议。

4.3.1.2　综合协调

保持与各应急工作小组和应急协作部门的信息沟通，开展工作协调；搜集、分析、汇总应急工作情况，起草重要报告、综合类文件；协调落实党中央和国务院领导同志以及部领导的有关批示、指示精神。

4.3.1.3 应急指挥

组织专家对水路交通突发事件险情进行快速评估，分析、判断险情可能产生的影响及后果；定时与国务院相关部门、省级交通运输部门联系，收集、更新突发事件信息，汇总参与应急处置单位的情况汇报和工作动态。做好与部内有关部门成员单位的联络，及时通报情况进展。

指导省级交通运输部门做出应急处置措施，评估行动方案，及时提出对方案的修改建议，保证快速、合理施救，防止险情扩大或次生、衍生事故的发生；根据应急工作需要，协调临近省（区、市）的应急救援队伍、救援物资、救援设备等支援及紧急征用工作。

4.3.1.4 通信保障

通信保障组按照《交通运输综合应急预案》的相关要求开展工作，负责应急响应过程中的网络、视频、通信等保障工作，包括信息系统通信保障工作、电视电话会议通信保障工作等；负责向相关省级交通运输部门下发工作文件的传递保障工作等。

4.3.1.5 新闻宣传

新闻宣传组按照《交通运输综合应急预案》的相关要求开展工作，联络中央主要新闻媒体，通过报刊、电视、广播、政府网站、新媒体等多种形式及时准确地发布应急信息；组织报道应急工作涌现出的先进事迹；指导做好事故现场新闻发布及相关人员的管理，保证信息发布准确；针对不实报道及时发布准确信息。

4.3.1.6 现场协调

视情成立现场工作组，赴现场指导、协助开展应急处置工作。根据事发现场环境特点及救援力量的配置，指导优化施救措施、改进救援方案；及时上报救援行动进展和后勤保障情况；协调调度部直属机构及周边省份的救援队伍、应急物资及装备；提供救援专业技术支持；协助其他有关部门开展现场应急处置工作等。

4.3.1.7 应急资源调用

领导小组对交通运输部管辖范围的应急物资、设备和器械有应急调配权，协调调度各级人民政府储备的应急救援物资。

港口和航道的抢险、消防、救援、重建恢复等工作所需的设备、物资等在交通运输部管辖范围内，由领导小组统一组织协调、指挥调度；属于地方政府机构的、或者属于军队和武警系统的，由领导小组协调调用。

4.3.2 Ⅱ级响应行动

Ⅱ级应急响应启动时，在分管部领导的指导下，部水运局会同应急办、海事局、长航局等相关司局、单位，密切跟踪突发事件进展情况，协助地方开展应急处置工作，视情派出现场工作组或者专家组给予指导。根据需要，协调邻近省（区、市）的应急救援队伍、救援物资、救援设备等支援及紧急征用工作。

4.4 处置措施

事发地交通运输主管部门在地方政府统一领导下，采取措施开展应急处置，相关交通运输管理部门做好指导协调。港口、航道、运输保障的具体应急处置措施包括但不限于以下内容：

4.4.1 港口突发事件应急措施

（1）事发地交通运输（港口）管理部门要了解事故发生的位置，掌握周围区域环境情况（重大危险源情况、居民住宅区情况等），确定事故特点和事故影响范围，明确应急处置技术，在地方政府统一领导下，指导标明危险区域、划定警戒区等现场控制工作，协助有关部门实行交通管制及其他控制措施。配合营救和救治受害人员，疏散、撤离并妥善安置相关人员，协调调度应急车辆及必要的后勤支援，做好公用设施修复和救援物资保障，并采取其他救助措施。

（2）因沉船、搁浅、碰撞、沉物而引起的港口瘫痪或遭受严重损失，相关海事部门负责组织沉船等碍航物的打捞或清障工作，加强船舶通航监控，及时发布相关消息，恢复港口航道畅通。

（3）根据应急处置需要，协调调度应急队伍、应急车辆及船舶、应急设备与器材及必要的后勤支援，组织协调相关部门投入应急反应行动，相关海事部门应积极配合做好应急处置工作。

（4）根据港口事故的发展情况、危害程度的发展变化情况，出现急剧恶化的特殊险情时，指导采取防止发生次生、衍生事件的必要措施。

（5）组织专家研判火灾、爆炸、泄漏等事故的后果以及由此导致的中毒、腐蚀等次生灾害的影响，了解港口损失情况，做好善后处置相关工作。

4.4.2 航道抢通保畅应急措施

（1）因滑坡或自然灾害造成的断航或者特别严重堵塞，事发地交通运输主管部门应在地方政府统一领导下尽快开展修复抢通工作，指导做好现场通航控制和疏导工作。长江干线航道的抢通保畅工作由部长航局负责。

（2）因沉船、搁浅、碰撞、沉物而引起的断航或特别严重堵塞，相关海事部门负责组织沉船等碍航物的打捞工作，并及时向有关部门和受影响的船舶发布，避免堵航事件发生；迅速将事故船舶拖离航道，恢复航道畅通。

（3）因自然灾害、洪水、枯水、调水或输水引起的断航或特别严重堵塞，事发地交通运输主管部门应报请当地政府协调水利、国土资源等相关部门，对突发事件进行分类处置，迅速采取措施调节水位。

附件
8

（4）因港口、桥梁等突发性工程事件等而引起的断航或特别严重堵塞，事发地航道部门、通航建筑物运行管理单位应随时掌握动态信息，及时向社会发布，并通报海事部门；航道部门及时组织应急抢通，进行应急疏浚和调标工作；海事部门应采取交通管制措施，组织力量进行疏导，并由交通运输主管部门协调当地政府做好相应的保障工作，协调施工方及时清除障碍，消除对航道的影响。

（5）长江三峡、葛洲坝船闸因检修、维修造成的断航或特别严重堵塞，部长航局及时向社会发布信息，启动三峡坝区水域船舶滞留应急联动机制，采取交通管制措施，限制进入坝区的船舶数量，组织力量对积压船舶进行疏导。

4.4.3　紧急运输保障措施

（1）协调相关交通运输管理部门和港航企业组织船舶应急运力、港口作业能力做好水路紧急运输保障。

（2）地方交通运输主管部门要主动与港口企业协调，统筹安排，合理组织煤炭、粮食等重要及应急物资装卸港口周边道路运输，优先安排集疏运车辆通行，必要时，设专门通道，确保运输车辆陆路交通通畅。

（3）海事、航道、港口等管理部门要建立煤炭、粮食等重要及应急物资运输船舶快速通道，优先安排引航、进出港、靠离泊、装卸、过闸等。海事部门要加强船舶监控，及时处置险情，保障安全。

（4）港口公安机关要积极配合港口企业的应急生产，组织好港区内应急物资运输车辆的交通运输，加派警力，保障港口应急运输期间正常生产秩序。

应急响应时，各有关地方交通运输、海事、港口公安机关等要积极配合，设置值班人员，保障24小时信息畅通，采取有效措施，为应急运输的顺利实施提供保障。

4.5　响应终止或降级

4.5.1　国家部门应急响应终止程序

Ⅰ级应急响应终止采取如下终止程序：

（1）根据掌握的事件信息、应急反应进展情况并参考专家组的意见，经领导小组会商评估，认为突发事件的威胁和危害得到控制或者消除，或国务院有关单位发出宣布突发事件应急响应终止或降级的指令时，由部水运局商应急办提出终止Ⅰ级应急响应或降低响应等级建议，经领导小组副组长同意后，报请组长核准。

（2）由领导小组组长宣布终止交通运输部应对××事件Ⅰ级响应，或降级为Ⅱ级响应，同时宣布取消Ⅰ级响应期间成立的领导小组及下设各应急工作组。

Ⅱ级应急响应终止程序：

突发事件的威胁和危害得到控制或者消除，需要终止Ⅱ级应急响应的，由部水运局会同应急办等相关司局提出，报分管部领导同意后终止响应。

4.5.2　省、地市、县级部门应急响应终止程序

省、地市、县水路交通突发事件应急指挥机构根据实际情况，按照其预案规定的程序执行。

4.6　后期处置

4.6.1　善后处置

（1）事发地各级交通运输主管部门在事发地人民政府统一领导下，对因参加突发事件应急处理而致病、致残、死亡的人员，及时进行医疗救助或按照国家有关规定，给予相应的补助和抚恤，并提供相关心理及司法援助；

（2）对因突发事件造成生活困难需要社会救助的人员，由当地人民政府按国家有关规定负责救助；

（3）保险监管部门要督促有关保险机构及时做好有关单位和个人的理赔工作。

4.6.2 恢复重建

（1）港口、航道等基础设施恢复重建工作由事发地人民政府负责，当地交通运输主管部门具体执行，长江干线航道的恢复重建工作由部长航局组织实施。因突发事件严重受损的水运交通基础设施，其恢复重建经费应纳入国家和地方救灾专项财政预算。

（2）省级交通运输主管部门应将Ⅰ级、Ⅱ级水路交通突发事件恢复重建措施落实情况及时上报部水运局、应急办。

4.6.3 总结评估

Ⅰ级突发事件应急处置工作结束后，由部水运局牵头组织对突发事件造成的损失进行评估，对应急经验教训加以总结，提出预案改进建议，并在应急结束后的30个工作日内提出总结评估报告，并报送分管部领导。各参加应急救援工作的单位、部门应写出应急过程和总结报告，总结经验教训，标明救援消耗、设备损害情况，并将应急过程的录像资料与文字资料于应急结束后的10个工作日内上报部水运局。

Ⅱ级应急响应由省级交通运输主管部门对突发事件应急响应经验教训加以总结，提出改进建议，并组织对水路交通突发事件进行调查、处理、监测和后果评估，提出损失赔偿、灾后恢复及重建等方面的建议，在应急结束后20个工作日内上报水运局备案。

5 应 急 保 障

5.1 应急队伍保障

5.1.1 港口应急救援队伍

（1）省级交通运输主管部门及所在地交通运输（港口）管理部门在当地人民政府领导下推进所辖区域内的应急救援队伍的规划建设，根据风险评估结果和预案要求统筹考虑辖区应急队伍建设，鼓励有条件的大型港口企业建立专业或兼职应急队伍，推进港口企业建立应急互助机制，推动区域港口危险化学品应急救援队伍建设和应急资源储备，加强应急救援队伍的业务培训及应急演练。

（2）部应急办、水运局指导省级交通运输主管部门及大型港口企业加强应急队伍建设，加强专业培训，建立联动协调机制，推进完善区域性港口危险货物应急救援体系。

5.1.2 航道抢通保障队伍

以部长航局和西江干线、京杭运河、黑龙江界河等国家重要干线航道沿线省（区、市）交通运输主管部门现有航道应急保障队伍为基础，加强国家重要干线航道抢通保畅应急队伍建设。同时，应加强应急队伍的培训，并针对不同航段的航道特点，开展有针对性的抢通保畅应急演习，提高应急处置能力。

5.1.3 应急运力保障队伍

（1）根据重要物资水路运输突发事件发生的频率、范围等，部水运局协调组织在全国重点区域选择大型港航企业，建立国家水路应急运力储备。会同相关部门制定紧急情况应急运力调用方案，确保应急物资和人员能够及时、安全运达。

（2）省级及以下交通运输主管部门负责所辖区域内的水路应急运输保障队伍的规划、建设工作，在所辖区域内建立应急运力储备。

5.2 应急物资保障

根据"部省共建、属地管理，布局合理、种类齐全"的原则，部应急办、水运局指导长航局和省级交通运输主管部门建立健全应急物资储备保障制度。各地、各部门在开展辖区内风险源普查与风险评估的基础上，结合辖区的实际特点，合理规划建设与应急能力相适应的应急物资储备库，加强应急物资实物储备，使应急物资覆盖辖区内所有港航设施。部长航局和省级交通运输主管部门应按规定建立应急救援和抢险装备信息数据库，加强应急救援物资储备及管理，及时补充和更新，并报部备案。部水运局、应急办应及时掌握全国水路交通应急物资资源储备、分布情况，建立应急物资资源信息库。在发生Ⅰ级突发事件时，需组织实施跨省的应急抢险、救援工作时，由交通运输部协调调度各类储备物资和装备。

5.3 应急资金保障

按照分级负担的原则，各级交通运输主管部门应将水路交通突发事件应急处置经费纳入部门预算。

5.4 专家技术保障

部水运局会同应急办组织建立全国水路交通突发事件专家库，根据应急管理形势变化，随时对专家库进行更新补充；组织开展水路运输行业风险管理、监测预警、应急处置技术的研究，提高防范和处置水路交通突发事件的科学决策水平。部应急办牵头组织定期应急管理交流培训等活动，为应急工作提供决策支持。

部水运局会同应急办指导省级交通运输主管部门根据辖区内水路交通突发事件特点建立应急咨询专家库，其专家库建立情况及专家名单应报部水运局、应急办。

5.5 培训和演练

5.5.1 培训

部水运局会同应急办组织编制水路交通突发事件应急培训指南，主要内容包括应急相关法律法规、预案、程序和制度、相关信息化系统使用指南和信息报送程序等，指导地方交通运输主管部门对从事应急工作人员、专业救援人员等进行定期培训。省级交通运输主管部门、部长航局组织编制培训手册，组织对应急相关人员进行应急管理专题培训、上岗前培训和常规性培训；组织应急管理专家进行专业授课，组织应急工作人员参加应急管理方面的各类培训与继续教育活动。

各级交通运输主管部门应将应急教育培训纳入日常管理工

作，并定期开展应急培训。

5.5.2 演练

部应急办会同水运局建立应急演练制度，组织定期或不定期的桌面应急演练，组织应急相关人员、应急联动机构广泛参与，检验完善应急预案、应急联动机制、信息报送程序，提高执行预案的能力和实战能力。至少每3年组织一次应急演练。

省级及以下交通运输主管部门结合所辖区域实际，有计划、有重点的开展实战演习、桌面推演等多种形式的演习演练活动，检验完善应急预案的实用性、针对性和可操作性、指挥协调与应急处置工作，磨合应急联动机制，增强应急队伍的实战能力。

6 附 则

6.1 预案管理和更新

当出现下列情形之一时，交通运输部将组织修改完善本预案，更新后报国务院：

（1）预案依据的有关法律、行政法规、规章、标准、上位预案中的有关规定发生变化的；

（2）水路交通突发事件应急机构及其职责发生重大变化或调整的；

（3）预案中的其他重要信息发生变化的；

（4）面临的水路运输风险或其他重要环境因素、重要应急资源发生重大变化；

（5）在突发事件实际应对和应急演练中发现问题需要进行重大调整的；

（6）预案制定单位认为应当修订的其他情况。

6.2 预案制定与解释

本预案由交通运输部负责制定、组织实施和解释。

附件 8

6.3 预案实施时间

本预案自印发之日起实施。

6.4 联系方式

交通运输部水运局：

联系电话：010-65292639、65292670，传真：65292638

交通运输部应急办：

联系电话：010-65292218，传真：65292245。

7 附 件

附件：1. 水路交通突发事件等级

　　　2. 相关单位名录

　　　3. 值守部门工作人员应急通讯联络信息表

附件1

水路交通突发事件等级

等级	突发事件的严重程度及影响范围
Ⅰ级 （特别 重大）	有下列情形之一者，为Ⅰ级水路交通突发事件： ●主要港口、地区性重要港口瘫痪或遭受灾难性损失的 ●主要港口、地区性重要港口危险货物码头、仓储场所发生火灾、爆炸、泄漏等事件，造成特别严重社会影响的 ●重要干线航道因航道尺度不足或通航条件恶化发生断航或特别严重堵塞，长江干线恢复运行时间预计在48小时以上，西江航运干线、京杭运河、黑龙江界河等恢复运行时间预计在72小时以上，并造成特别严重社会影响的 ●港口、通航建筑物事故造成特大人员伤亡，死亡失踪30人以上，或危及30人以上生命安全的 ●重要物资缺乏可能严重影响全国或大片区经济整体运行和人民正常生活，超出省级交通运输部门运力组织能力，需要国家紧急安排水路运输保障的 ●需要启动国家应急预案，调用多个省和交通系统的水路运输资源予以支援的

附件8

续表

等级	突发事件的严重程度及影响范围
II 级 (重大)	有下列情形之一者，为 II 级水路交通突发事件： ● 主要港口、地区性重要港口遭受严重损失，重要港区瘫痪或遭受灾难性损失的 ● 主要港口、地区性重要港口危险货物码头、仓储场所发生火灾、爆炸、泄漏等事件，造成严重社会影响的 ● 重要干线航道因航道尺度不足或通航条件恶化发生严重堵塞，长江干线航道恢复运行时间预计在 24 小时以上、48 小时以下，西江航运干线、京杭运河、黑龙江界河等恢复运行时间预计在 48 小时以上、72 小时以下，并造成严重社会影响的 ● 港口、通航建筑物事故造成重大人员伤亡，死亡失踪 10 人以上、30 人以下，或危及 10 人以上、30 人以下生命安全的 ● 重要物资缺乏可能严重影响省级经济整体运行和人民正常生活，超出市级交通运输部门运力组织能力，需要省级交通运输部门紧急安排水路运输保障的 ● 需要启动省级应急预案，调用多个市和交通系统的水路运输资源予以支援的
III 级 (较大)	有下列情形之一者，为 III 级水路交通突发事件： ● 地区性重要港口局部遭受严重损失，其他港口瘫痪或遭受灾难性损失的 ● 港口危险货物码头、仓储场所发生火灾、爆炸、泄漏等事件，造成较大社会影响的 ● 重要干线航道发生较严重堵塞，长江干线恢复运行时间预计在 12 小时以上、24 小时以下；西江航运干线、京杭运河、黑龙江界河等发生断航 24 小时以上、48 小时以下，并造成较大社会影响的 ● 港口、通航建筑物事故造成较大人员伤亡，死亡失踪 3 人以上、10 人以下，或危及 3 人以上、10 人以下生命安全的 ● 需要启动市级应急预案，调用多个县和交通系统的水路运输资源予以支援的

附件 8

等级	突发事件的严重程度及影响范围
Ⅳ级 （一般）	有下列情形之一者，为Ⅳ级水路交通突发事件： ●其他港口遭受严重损失的 ●港口危险货物码头、仓储场所发生火灾、爆炸、泄漏等事件，造成一般及以下社会影响的 ●三级以上重要航道和界河航道发生断航或严重堵塞，造成一般社会影响的 ●港口、通航建筑物事故造成一般人员伤亡，死亡失踪3人以下，或危及3人以下生命安全的 ●需要启动县级应急预案，调用当地和交通系统的水路运输资源予以支援的

附件2

相关单位名录

1. 管理部门

各省、自治区、直辖市、新疆生产建设兵团交通运输厅（局、委）

交通运输部长江航务管理局

交通运输部珠江航务管理局

2. 主要航运企业（部分）

中国远洋海运集团有限公司

招商局集团有限公司

福建国航远洋运输（集团）公司

神华中海航运有限公司

上海时代航运有限公司

附件8

广东粤电航运有限公司

福建交通运输集团有限责任公司

广东海运股份有限公司

上海中谷海运集团有限公司

宁波海运集团有限公司

山东海运股份有限公司

3. 主要港口企业

大连港集团有限公司

营口港务集团有限公司

锦州港股份有限公司

河北港口集团有限公司

唐山港集团股份有限公司

神华黄骅港务有限责任公司

国投曹妃甸港口有限公司

天津港集团有限公司

青岛港（集团）有限公司

烟台港集团有限公司

日照港集团有限公司

连云港港口集团有限公司

南京港（集团）有限公司

上海国际港务（集团）股份有限公司

武汉港务集团有限公司

江苏徐州港务（集团）有限公司

宜昌港务集团有限责任公司

安徽皖江物流（集团）股份有限公司

威海港集团有限公司

宁波舟山港集团有限公司

温州港集团有限公司

福州港务集团有限公司

泉州港务集团有限公司

厦门港务控股集团有限公司

汕头招商局港口集团有限公司

深圳盐田港集团有限公司

广州港集团有限公司

惠州港务集团有限公司

湛江港（集团）股份有限公司

珠海港股份有限公司

广西北部湾国际港务集团

茂名港集团有限公司

海南港航控股有限公司

三亚港务局

贵港港务总公司

重庆港务物流集团有限公司

上港集团九江港务有限公司

镇江港务集团有限公司

江阴港港口集团股份有限公司

南通港口集团有限公司

湖南欣港集团有限公司

苏州港口发展（集团）有限公司

附件3

值守部门工作人员应急通讯联络信息表

_____（单位或部门名称）

24小时值班电话：
24小时值班传真：

	姓名	职务	座机	移动电话
部门负责人				
部门值守人员				

附件8

附件 9

国家海上搜救应急预案（简本）

国家海上搜救应急预案
（简本）

颁布日期：2006-1-22

执行日期：2006-1-22

1 总 则

1.1 编制目的

建立国家海上搜救应急反应机制，迅速、有序、高效地组织海上突发事件的应急反应行动，救助遇险人员，控制海上突发事件扩展，最大程度地减少海上突发事件造成的人员伤亡和财产损失。

履行中华人民共和国缔结或参加的有关国际公约；实施双边和多边海上搜救应急反应协定。

1.2 编制依据

1.2.1 国内法律、行政法规及有关规定

《中华人民共和国海上交通安全法》《中华人民共和国安全生产法》《中华人民共和国内河交通安全管理条例》《中华人民共和国无线电管理条例》和《国家突发公共事件总体应急预案》等。

1.2.2 我国加入或缔结的国际公约、协议

《联合国海洋法公约》《1974年国际海上人命安全公约》《国际民航公约》《1979年国际海上搜寻救助公约》《中美海上搜救协定》《中朝海上搜救协定》等我国加入或缔结的有关国际公约、协议。

1.3 适用范围

1.3.1 我国管辖水域和承担的海上搜救责任区内海上突发事件的应急反应行动。

1.3.2 发生在我国管辖水域和搜救责任区外，涉及中国籍船舶、船员遇险或可能对我国造成重大影响或损害的海上突发事件的应急反应行动。

1.3.3 参与海上突发事件应急行动的单位、船舶、航空器、设施及人员。

1.4 工作原则

（1）政府领导，社会参与，依法规范。

政府领导：政府对海上搜救工作实行统一领导，形成高效应急反应机制，及时、有效地组织社会资源，形成合力。

社会参与：依照海上突发事件应急组织体系框架，形成专业力量与社会力量相结合，多部门参加，多学科技术支持，全社会参与的应对海上突发事件机制。

依法规范：依照有关法律、法规，明确各相关部门、单位、个人的责任、权利和义务，规范应急反应的组织、协调、指挥行为。

（2）统一指挥，分级管理，属地为主。

统一指挥：对海上突发事件应急反应行动实行统一指挥，保证搜救机构组织的各方应急力量行动协调，取得最佳效果。

分级管理：根据海上突发事件的发生区域、性质、程度与实施救助投入的力量所需，实施分级管理。

属地为主：由海上突发事件发生地海上搜救机构实施应急指挥，确保及时分析判断形势，正确决策，相机处置，提高应急反应行动的及时性和有效性。

（3）防应结合，资源共享，团结协作。

防应结合："防"是指做好自然灾害的预警工作，减少自然灾害引发海上突发事件的可能；"应"是指保证海上突发事件发生后，及时对海上遇险人员进行救助，减少损失。防应并重，确保救助。

资源共享：充分利用常备资源，广泛调动各方资源，避免重复建设，发挥储备资源的作用。

团结协作：充分发挥参与救助各方力量的自身优势和整体效能，相互配合，形成合力。

（4）以人为本，科学决策，快速高效。

以人为本：充分履行政府公共服务职能，快速高效地救助人命。

科学决策：运用现代科技手段，保证信息畅通；充分发挥专家的咨询作用，果断决策，保证应急指挥的权威性。

快速高效：建立应急机制，保证指挥畅通；强化人员培训，提高从业人员素质；提高应急力量建设，提高应急反应的效能和水平。

2 国家海上搜救应急组织指挥体系及职责任务

国家海上搜救应急组织指挥体系由应急领导机构、运行管理机构、咨询机构、应急指挥机构、现场指挥、应急救助力量等组成。

2.1 应急领导机构

建立国家海上搜救部际联席会议制度，研究、议定海上搜救重要事宜，指导全国海上搜救应急反应工作。在交通部设立中国海上搜救中心，作为国家海上搜救的指挥工作机构，负责国家海上搜救部际联席会议的日常工作，并承担海上搜救运行管理机构的工作。

部际联席会议成员单位根据各自职责，结合海上搜救应急反应行动实际情况，发挥相应作用，承担海上搜救应急反应、抢险救灾、支持保障、善后处理等应急工作。

2.2　运行管理机构

中国海上搜救中心以交通部为主承担海上搜救的运行管理工作。

2.3　咨询机构

咨询机构包括海上搜救专家组和其他相关咨询机构。

2.3.1　搜救专家组

国家海上搜救专家组由航运、海事、航空、消防、医疗卫生、环保、石油化工、海洋工程、海洋地质、气象、安全管理等行业专家、专业技术人员组成，负责提供海上搜救技术咨询。

2.3.2　其他相关咨询机构

其他相关咨询机构应中国海上搜救中心要求，提供相关的海上搜救咨询服务。

2.4　应急指挥机构

应急指挥机构包括：中国海上搜救中心及地方各级政府建立的海上搜救机构。

沿海及内河主要通航水域的各省（区、市）成立以省（区、市）政府领导任主任，相关部门和当地驻军组成的省级海上搜救机构。根据需要，省级海上搜救机构可设立搜救分支机构。

2.4.1　省级海上搜救机构

省级海上搜救机构承担本省（区、市）海上搜救责任区的海上应急组织指挥工作。

2.4.2　海上搜救分支机构

海上搜救分支机构是市（地）级或县级海上应急组织指挥机构，其职责由省级海上搜救机构确定。

2.5　现场指挥（员）

海上突发事件应急反应的现场指挥（员）由负责组织海上突发事件应急反应的应急指挥机构指定，按照应急指挥机构指

附件9

令承担现场协调工作。

2.6 海上应急救助力量

海上应急救助力量包括各级政府部门投资建设的专业救助力量和军队、武警救助力量，政府部门所属公务救助力量，其他可投入救助行动的民用船舶与航空器、企事业单位、社会团体、个人等社会人力和物力资源。

服从应急指挥机构的协调、指挥，参加海上应急行动及相关工作。

3 预警和预防机制

预警和预防是通过分析预警信息，作出相应判断，采取预防措施，防止自然灾害造成事故或做好应急反应准备。

3.1 信息监测与报告

预警信息包括：气象、海洋、水文、地质等自然灾害预报信息；其他可能威胁海上人命、财产、环境安全或造成海上突发事件发生的信息。

预警信息监测部门根据各自职责分别通过信息播发渠道向有关方面发布气象、海洋、水文、地质等自然灾害预警信息。

3.2 预警预防行动

3.2.1 从事海上活动的有关单位、船舶和人员应注意接收预警信息，根据不同预警级别，采取相应的防范措施，防止或减少海上突发事件对人命、财产和环境造成危害。

3.2.2 各级海上搜救机构，根据风险信息，有针对性地做好应急救助准备。

3.3 预警支持系统

预警支持系统由公共信息播发系统、海上安全信息播发系统等组成，相关风险信息发布责任部门应制定预案，保证信息的及时准确播发。

附件9

4　海上突发事件的险情分级与上报

4.1　海上突发事件险情分级

根据国家突发事件险情上报的有关规定，并结合海上突发事件的特点及突发事件对人命安全、海洋环境的危害程度和事态发展趋势，将海上突发事件险情信息分为特大、重大、较大、一般四级。

4.2　海上突发事件险情信息的处理

海上搜救机构接到海上突发事件险情信息后，对险情信息进行分析与核实，并按照有关规定和程序逐级上报。

中国海上搜救中心按照有关规定，立即向国务院报告，同时通报国务院有关部门。

5　海上突发事件的应急响应和处置

5.1　海上遇险报警

5.1.1　发生海上突发事件时，可通过海上通信无线电话、海岸电台、卫星地面站、应急无线电示位标或公众通信网（海上救助专用电话号"12395"）等方式报警。

5.1.2　发送海上遇险信息时，应包括以下内容：

（1）事件发生的时间、位置。

（2）遇险状况。

（3）船舶、航空器或遇险者的名称、种类、国籍、呼号、联系方式。

5.1.3　报警者尽可能提供下列信息：

（1）船舶或航空器的主要尺度、所有人、代理人、经营人、承运人。

（2）遇险人员的数量及伤亡情况。

（3）载货情况，特别是危险货物，货物的名称、种类、数量。

（4）事发直接原因、已采取的措施、救助请求。

（5）事发现场的气象、海况信息，包括风力、风向、流向、流速、潮汐、水温、浪高等。

5.1.4　使用的报警设备应按规定做好相关报警与信息的预设工作。

5.2　海上遇险信息的分析与核实

海上搜救机构通过直接或间接的途径对海上遇险信息进行核实与分析。

5.3　遇险信息的处置

（1）发生海上突发事件，事发地在本责任区的，按规定启动本级预案。

（2）发生海上突发事件，事发地不在本责任区的，接警的海上搜救机构应立即直接向所在责任区海上搜救机构通报并同时向上级搜救机构报告。

（3）中国海上搜救中心直接接到的海上突发事件报警，要立即通知搜救责任区的省级海上搜救机构和相关部门。

（4）海上突发事件发生在香港特别行政区水域、澳门特别行政区水域和台湾、金门、澎湖、马祖岛屿附近水域的，可由有关省级搜救机构按照已有搜救联络协议进行通报，无联络协议的，由中国海上搜救中心予以联络。

（5）海上突发事件发生地不在我国海上搜救责任区的，中国海上搜救中心应通报有关国家的海上搜救机构。有中国籍船舶、船员遇险的，中国海上搜救中心除按上述（2）、（3）项报告外，还应及时与有关国家的海上搜救机构或我驻外使领馆联系，通报信息，协助救助，掌握救助进展情况，并与外交部互通信息。

（6）涉及海上保安事件，按海上保安事件处置程序处理和通报。

涉及船舶造成污染的，按有关船舶油污应急反应程序处理和通报。

5.4　指挥与控制

5.4.1　最初接到海上突发事件信息的海上搜救机构自动承担应急指挥机构的职责，并启动预案反应，直至海上突发事件应急反应工作已明确移交给责任区海上搜救机构或上一级海上搜救机构指定新的应急指挥机构时为止。

5.4.2　应急指挥机构按规定程序向上一级搜救机构请示、报告和做出搜救决策。实施应急行动时，应急指挥机构可指定现场指挥。

5.5　紧急处置

5.5.1　应急指挥机构的任务

在险情确认后，承担应急指挥的机构立即进入应急救援行动状态：

（1）按照险情的级别通知有关人员进入指挥位置。

（2）在已掌握情况基础上，确定救助区域，明确实施救助工作任务与具体救助措施。

（3）根据已制定的应急预案，调动应急力量执行救助任务。

（4）通过船舶报告系统调动事发附近水域船舶前往实施救助。

（5）建立应急通信机制。

（6）指定现场指挥。

（7）动用航空器实施救助的，及时通报空管机构。

（8）事故救助现场需实施海上交通管制的，及时由责任区海事管理机构发布航行通（警）告并组织实施管制行动。

（9）根据救助情况，及时调整救助措施。

5.5.2　搜救指令的内容

对需动用的、当时有能力进行海上搜救的救助力量，搜救机构应及时下达行动指令，明确任务。

附件 9

5.5.3 海上突发事件处置保障措施

根据救助行动情况及需要，搜救机构应及时对下列事项进行布置：

（1）遇险人员的医疗救护。

（2）当险情可能对公众造成危害时，通知有关部门组织人员疏散或转移。

（3）做出维护治安的安排。

（4）指令有关部门提供海上突发事件应急反应的支持保障。

5.5.4 救助力量与现场指挥的任务

（1）专业救助力量应将值班待命的布设方案和值班计划按搜救机构的要求向搜救机构报告，值班计划临时调整的，应提前向搜救机构报告，调整到位后，要进行确认报告。

（2）救助力量与现场指挥应执行搜救机构的指令，按搜救机构的要求将出动情况、已实施的行动情况、险情现场及救助进展情况向搜救机构报告，并及时提出有利于应急行动的建议。

5.6 分级响应

海上突发事件应急反应按照海上搜救分支机构、省级海上搜救机构、中国海上搜救中心从低到高依次响应。

（1）任何海上突发事件，搜救责任区内最低一级海上搜救机构应首先进行响应。

（2）责任区海上搜救机构应急力量不足或无法控制事件扩展时，请求上一级海上搜救机构开展应急响应。

（3）上一级搜救机构应对下一级搜救机构的应急响应行动给予指导。

（4）无论何种情况，均不免除各省级搜救机构对其搜救责任区内海上突发事件全面负责的责任，亦不影响各省级搜救机构先期或将要采取的有效救助行动。

5.7 海上应急反应通信

海上搜救机构在实施海上应急行动时，可根据现场具体情况，指定参加应急活动所有部门的应急通信方式。通信方式包括：

（1）海上通信，常用海上遇险报警、海上突发事件应急反应通信方式。

（2）公众通信网，包括电话、传真、因特网。

（3）其他一切可用手段。

5.8 海上医疗援助

5.8.1 医疗援助的方式

各级海上搜救机构会同当地卫生主管部门指定当地具备一定医疗技术和条件的医疗机构承担海上医疗援助任务。

5.8.2 医疗援助的实施

海上医疗援助一般由实施救助行动所在地的医疗机构承担，力量不足时，可通过海上搜救机构逐级向上请求支援。

5.9 应急行动人员的安全防护

（1）参与海上应急行动的单位负责本单位人员的安全防护。各级海上搜救机构应对参与救援行动单位的安全防护工作提供指导。

（2）化学品应急人员进入和离开现场应先登记，进行医学检查，有人身伤害立即采取救治措施。

（3）参与应急行动人员的安全防护装备不足时，实施救助行动的海上搜救机构可请求上一级海上搜救机构协调解决。

5.10 遇险旅客及其他人员的安全防护

在实施救助行动中，应根据险情现场与环境情况，组织做好遇险旅客及其他人员的安全防护工作，告知旅客及其他人员可能存在的危害和防护措施，及时调集应急人员和防护器材、装备、药品。

5.10.1 海上搜救机构要对海上突发事件可能次生、衍生的危害采取必要的措施，对海上突发事件可能影响的范围内船舶、设施及人员的安全防护、疏散方式做出安排。

附件9

5.10.2　在海上突发事件影响范围内可能涉及陆上人员安全的情况下，海上搜救机构应通报地方政府采取防护或疏散措施。

5.10.3　船舶、浮动设施和民用航空器的所有人、经营人应制订在紧急情况下对遇险旅客及其他人员采取的应急防护、疏散措施；在救助行动中要服从海上搜救机构的指挥，对遇险旅客及其他人员采取应急防护、疏散措施，并做好安置工作。

5.11　社会力量动员与参与

5.11.1　社会动员

（1）各级人民政府可根据海上突发事件的等级、发展趋势、影响程度等在本行政区域内依法发布社会动员令。

（2）当应急力量不足时，由当地政府动员本地区机关、企事业单位、各类民间组织和志愿人员等社会力量参与或支援海上应急救援行动。

5.11.2　社会动员时海上搜救机构的行动

（1）指导所动员的社会力量，携带必要的器材、装备赶赴指定地点。

（2）根据参与应急行动人员的具体情况进行工作安排与布置。

5.12　救助效果评估与处置方案调整

5.12.1　目的

跟踪应急行动的进展，查明险情因素和造成事件扩展和恶化因素，控制危险源和污染源，对措施的有效性进行分析、评价，调整应急行动方案，以便有针对性地采取有效措施，尽可能减少险情造成的损失和降低危害，提高海上突发事件应急反应效率和救助成功率。

5.12.2　方式

由海上搜救机构在指挥应急行动中组织、实施，具体包括：

（1）指导救援单位组织专人，使用专用设备、仪器进行现场检测、分析。

（2）组织专家或专业咨询机构对事件进行分析、研究。

（3）使用计算机辅助支持系统进行分析、评估。

5.12.3　内容

（1）调查险情的主要因素。

（2）判断事件的发展趋势。

（3）采取有针对性措施对危险源进行控制、处置。

（4）对现场进行检测，分析、评价措施的有效性。

（5）针对海上突发事件衍生出的新情况、新问题，采取进一步的措施。

（6）对应急行动方案进行调整和完善。

5.13　海上应急行动的终止

负责组织指挥海上突发事件应急反应的海上搜救机构，根据下列情况决定是否终止应急行动：

（1）所有可能存在遇险人员的区域均已搜寻。

（2）幸存者在当时的气温、水温、风、浪条件下得以生存的可能性已完全不存在。

（3）海上突发事件应急反应已获得成功或紧急情况已不复存在。

（4）海上突发事件的危害已彻底消除或已控制，不再有扩展或复发的可能。

5.14　信息发布

中国海上搜救中心负责向社会发布海上突发事件的信息，必要时可授权下级海上搜救应急指挥机构向社会发布本责任区内海上突发事件的信息。

信息发布要及时、主动、客观、准确。信息发布通过新闻发布会、电视、广播、报刊、杂志等媒体作用，邀请记者现场报道形式进行。

附件9

6 后 期 处 置

6.1 善后处置

6.1.1 伤员的处置

当地医疗卫生部门负责获救伤病人员的救治。

6.1.2 获救人员的处置

当地政府民政部门或获救人员所在单位负责获救人员的安置；港澳台或外籍人员，由当地政府港澳台办或外事办负责安置；外籍人员由公安部门或外交部门负责遣返。

6.1.3 死亡人员的处置

当地政府民政部门或死亡人员所在单位负责死亡人员的处置；港澳台或外籍死亡人员，由当地政府港澳台办或外事办负责处置。

6.2 社会救助

对被救人员的社会救助，由当地政府民政部门负责组织。

6.3 保险

6.3.1 参加现场救助的政府公务人员由其所在单位办理人身意外伤害保险。

6.3.2 参加救助的专业救助人员由其所属单位办理人身意外伤害保险。

6.3.3 国家金融保险机构要及时介入海上突发事件的处置工作，按规定开展赔付工作。

6.4 搜救效果和应急经验总结

6.4.1 搜救效果的总结评估

（1）海上搜救机构负责搜救效果的调查工作，实行分级调查的原则。

（2）海上交通事故的调查处理，按照国家有关规定处理。

6.4.2 应急经验总结和改进建议

（1）海上搜救机构负责应急经验的总结工作，实行分级总

附件9

结的原则。

（2）海上搜救分支机构负责一般和较大应急工作的总结；省级海上搜救机构负责重大应急工作的总结；中国海上搜救中心负责特大应急工作的总结。

7 应急保障

7.1 通信与信息保障

各有关通信管理部门、单位均应按照各自的职责要求，制订有关海上应急通信线路、设备、设施等使用、管理、保养制度；落实责任制，确保海上应急通信畅通。

7.2 应急力量与应急保障

7.2.1 应急力量和装备保障

（1）省级海上搜救机构收集本地区可参与海上应急行动人员的数量、专长、通信方式和分布情况信息。

（2）专业救助力量应按照海上搜救机构的要求配备搜救设备和救生器材。

（3）省级海上搜救机构依据《海上搜救力量指定指南》，收集本地区应急设备的类型、数量、性能和布局信息。

7.2.2 交通运输保障

（1）建立海上应急运输保障机制，为海上应急指挥人员赶赴事发现场，以及应急器材的运送提供保障。

（2）省级海上搜救机构及其分支机构应配备应急专用交通工具，确保应急指挥人员、器材及时到位。

（3）省级海上搜救机构及其分支机构应与本地区的运输部门建立交通工具紧急征用机制，为应急行动提供保障。

7.2.3 医疗保障

建立医疗联动机制，明确海上医疗咨询、医疗援助或医疗移送和收治伤员的任务。

7.2.4　治安保障

（1）省级海上搜救机构及其分支机构与同级公安部门建立海上应急现场治安秩序保障机制，保障海上应急行动的顺利开展。

（2）相关公安部门应为海上应急现场提供治安保障。

7.2.5　资金保障

（1）应急资金保障由各级财政部门纳入财政预算，按照分级负担的原则，合理承担应由政府承担的应急保障资金。具体参照《财政应急保障预案》有关规定执行。

（2）中国海上搜救中心、省级海上搜救机构及其分支机构应按规定使用、管理搜救经费，定期向同级政府汇报经费的使用情况，接受政府部门的审计与监督。

7.2.6　社会动员保障

当应急力量不足时，由当地政府动员本地区机关、企事业单位、各类民间组织和志愿人员等社会力量参与或支援海上应急救援行动。

7.3　宣传、培训与演习

7.3.1　公众信息交流

公众信息交流的目的是使公众了解海上安全知识，提高公众的安全意识，增强应对海上突发事件能力。

（1）海上搜救机构要组织编制海上险情预防、应急等安全知识宣传资料，通过媒体主渠道和适当方式开展海上安全知识宣传工作。

（2）海上搜救机构要通过媒体和适当方式公布海上应急预案信息，介绍应对海上突发事件的常识。

7.3.2　培训

（1）海上搜救机构工作人员应通过专业培训和在职培训，掌握履行其职责所需的相关知识。

（2）专业救助力量、有关人员的适任培训由应急指挥机构认可的机构进行，并应取得应急指挥机构颁发的相应证书。

（3）被指定为海上救援力量的相关人员的应急技能和安全知识培训，由各自单位组织，海上搜救机构负责相关指导工作。

7.3.3 演习

中国海上搜救中心应举行如下海上搜救演习：

（1）每两年举行一次综合演习。不定期与周边国家、地区海上搜救机构举行海上突发事件应急处置联合演习。

（2）每年举行一次海上搜救项目的单项演习，并将海上医疗咨询和医疗救援纳入演习内容。

（3）每半年举行一次由各成员单位和各级海上搜救机构参加的应急通信演习。

8 附 则

8.1 名词术语和缩写的定义与说明

（1）海上突发事件是指船舶、设施在海上发生火灾、爆炸、碰撞、搁浅、沉没，油类物质或危险化学品泄漏以及民用航空器海上遇险造成或可能造成人员伤亡、财产损失的事件。

（2）海上搜救责任区是指由一搜救机构所承担的处置海上突发事件的责任区域。

（3）本预案中所指"海上"包括内河水域。

（4）本预案有关数量的表述中，"以上"含本数，"以下"不含本数。

8.2 预案管理与更新

（1）交通部负责国家海上搜救应急预案的编制及修改工作。

（2）本应急预案的附录，属技术指导性文件的，由中国海上搜救中心审定；属行政规章的，其修改工作由发布机关负责。

（3）省级海上搜救机构及其分支机构负责编制各自的海上应急反应预案，报同级人民政府批准，并及时报送中国海上搜救中心。

附件 9

（4）专业搜救力量制定的预案应报同级应急指挥机构批准后实施，并接受应急指挥机构的监督检查。

8.3　国际协作

（1）收到周边国家或地区请求对在其搜救责任区开展的海上突发事件应急反应给予救援时，视情提供包括船舶、航空器、人员和设备的援助。

（2）在其他国家的救助机构提出外籍船舶或航空器为搜寻救助海难人员的目的进入或越过我国领海或领空的申请时，要及时与国家有关主管部门联系，并将是否准许情况回复给提出请求的搜救机构。

（3）与周边国家共同搜救区内的海上突发事件应急反应，需协调有关国家派出搜救力量，提供必要的援助。

（4）与周边国家搜救机构一起做出搜救合作和协调的行动计划和安排。

（5）为搜寻海上突发事件发生地点和救助海上突发事件遇险人员，救助力量需进入或越过其他国家领海或领空，由中国海上搜救中心与有关国家或地区海上搜救机构联系，说明详细计划和必要性。

8.4　奖励与责任追究

8.4.1　在参加海上应急行动中牺牲的军人或其他人员，由军事部门或省、自治区、直辖市人民政府，按照《革命烈士褒扬条例》的规定批准为革命烈士。

8.4.2　军人或其他人员参加海上应急行动致残的，由民政部门按相关规定给予抚恤优待。

8.4.3　对海上应急工作作出突出贡献的人员，由中国海上搜救中心或省级海上搜救机构报交通部或省级人民政府按照规定，给予奖励。

8.4.4　对按海上搜救机构协调参加海上搜救的船舶，由中国海上搜救中心或省级海上搜救中心给予适当的奖励、补偿或表扬。奖励、补偿或表扬的具体规定由中国海上搜救中心另行制订。

8.4.5　对推诿、故意拖延、不服从、干扰海上搜救机构协调指挥，未按本预案规定履行职责或违反本预案有关新闻发布规定的单位、责任人，由海上搜救机构予以通报，并建议其上级主管部门依照有关规定追究行政责任或给予党纪处分；对违反海事管理法律、法规的，由海事管理机关给予行政处罚；构成犯罪的，依法追究刑事责任。

8.4.6　对滥用职权、玩忽职守的搜救机构工作人员，依照有关规定给予行政和党纪处分；构成犯罪的，依法追究刑事责任。

8.5　预案实施时间

本预案自印发之日起施行。

公路水运工程
生产安全事故应急预案

公路水运工程生产安全事故应急预案

中华人民共和国交通运输部

2018年3月

1 总 则

1.1 编制目的

为切实加强公路水运工程生产安全事故的应急管理工作，指导、协调各地建立完善应急预案体系，有效应对生产安全事故，保障公路水运工程建设正常实施，制定本预案。

1.2 编制依据

依据《中华人民共和国突发事件应对法》《中华人民共和国安全生产法》《建设工程安全生产管理条例》《生产安全事故报告和调查处理条例》《生产安全事故应急预案管理办法》《公路水运工程安全生产监督管理办法》《国家突发公共事件总体应急预案》《突发事件应急预案管理办法》《交通运输突发事件应急管理规定》等。

1.3 事故分级

公路水运工程生产安全事故是指经依法审批、核准或者备案的公路水运工程项目新建、改建和扩建活动中发生的生产安全事故。

公路水运工程生产安全事故按照人员伤亡（含失踪）、涉险人数、直接经济损失、影响范围等因素，分为四级：Ⅰ级（特别重大）事故、Ⅱ级（重大）事故、Ⅲ级（较大）事故和Ⅳ级（一般）事故。

1.3.1 Ⅰ级（特别重大）事故

有下列情形之一的，为Ⅰ级（特别重大）事故（以下简称

Ⅰ级事故）：

（1）造成30人以上死亡（含失踪），或危及30人以上生命安全；

（2）100人以上重伤；

（3）直接经济损失1亿元以上；

（4）国务院责成交通运输部组织处置的事故。

1.3.2 Ⅱ级（重大）事故

有下列情形之一的，为Ⅱ级（重大）事故（以下简称Ⅱ级事故）：

（1）造成10人以上死亡（含失踪），或危及10人以上生命安全；

（2）50人以上重伤；

（3）直接经济损失5000万元以上；

（4）省政府责成省级交通运输主管部门组织处置的事故。

1.3.3 Ⅲ级（较大）事故

有下列情形之一的，为Ⅲ级（较大）事故（以下简称Ⅲ级事故）：

（1）造成3人以上死亡（含失踪），或危及3人以上生命安全；

（2）10人以上重伤；

（3）直接经济损失1000万元以上。

1.3.4 Ⅳ级（一般）事故

有下列情形之一的，为Ⅳ级（一般）事故（以下简称Ⅳ级事故）：

（1）造成3人以下死亡（含失踪），或危及3人以下生命安全；

（2）10人以下重伤；

（3）直接经济损失1000万元以下。

本条所称的"以上"包括本数，"以下"不包括本数。公路水运工程生产安全事故同时符合本条规定的多个分级情形的，按照最高级别认定。

省级交通运输主管部门可以结合本地区实际情况，对Ⅱ级、Ⅲ级和Ⅳ级事故分类情形进行细化补充。

1.4　适用范围

本预案适用于我国境内（除台湾、香港特别行政区和澳门特别行政区外）公路水运工程Ⅰ级事故的应对工作，以及需要由交通运输部支持处置的Ⅰ级以下事故的应对工作。自然灾害导致的公路水运工程生产安全事故可参照本预案进行处置。

本预案指导地方公路水运工程生产安全事故应急预案的编制以及地方交通运输主管部门、公路水运工程项目参建单位对公路水运工程生产安全事故的应对工作。

1.5　工作原则

（1）以人民为中心、预防为主。

应急管理工作应当以人民为中心，以最大限度地减少人员伤亡为出发点，坚持预防与应急相结合，督促项目参建单位依法开展风险分级管控和事故隐患排查治理，提高生产安全事故的预防预控能力。

（2）以属地为主、分级响应。

各级交通运输主管部门应当在本级人民政府的统一领导下，遵循属地为主原则，按照职责分工做好分级响应，充分发挥专业技术优势，积极参与事故救援。项目参建单位应按规定开展先期自救互救，服从各级人民政府及交通运输主管部门的现场指挥，配合事故救援、调查处理工作。

（3）协调联动、快速反应。

按照协同、快速、高效原则，各级交通运输主管部门应当做好应急资源调查，加强专业技术力量储备，与当地有关部门和专业应急救援队伍保持密切协作，建立协调联动的快速反应机制。督促项目参建单位加强兼职应急救援队伍建设，提高自救、互救和应对各类生产安全事故的能力。

1.6 预案体系

（1）国家公路水运工程生产安全事故应急预案（以下简称国家部门预案或本预案）。本预案是交通运输部应对公路水运工程Ⅰ级事故和指导地方公路水运工程生产安全事故应急预案编制的政策性文件，由交通运输部公布实施。

（2）地方公路水运工程生产安全事故应急预案（以下简称地方预案）。地方预案是省级、市级、县级交通运输主管部门根据国家相关法规及本预案要求，在本级人民政府的领导和上级交通运输主管部门的指导下，为及时应对本行政区域内发生的公路水运工程生产安全事故而分别制定的应急预案，由地方交通运输主管部门公布实施。其中，省级预案是省级交通运输主管部门应对公路水运工程Ⅰ级、Ⅱ级事故处置，以及省级人民政府责成处置的其他事故的政策性文件。县级、市级预案的适用范围由省级交通运输主管部门根据职责分工自行确定。

（3）公路水运工程项目生产安全事故应急预案（以下简称项目预案）。项目预案是公路水运工程项目建设或施工等参建单位制定的生产安全事故应急预案。本层级预案包括项目综合应急预案、合同段施工专项应急预案和现场处置方案。按照本预案和地方预案的总体要求，建设单位根据建设条件、自然环境、工程特点和风险特征等，制定项目综合应急预案；施工单位根据项目综合应急预案，结合施工工艺、地质、水文和气候等实际情况，对危险性较大的分部分项工程和风险等级较高的作业活动，编制合同段施工专项应急预案或现场处置方案。

（4）应急预案操作手册。各级交通运输主管部门、项目建设单位、施工单位等可根据有关应急预案要求，制定与应急预案相配套的工作程序文件。

2　组 织 体 系

2.1　应急组织体系构成

公路水运工程生产安全事故应急组织体系由国家级（交通运输部）、地方级（各级交通运输主管部门）、项目级（各公路水运工程项目参建单位）三级应急组织机构构成。

2.2　交通运输部应急组织机构

2.2.1　机构构成

交通运输部在启动公路水运工程生产安全事故Ⅰ级应急响应时，同步成立"交通运输部应对××公路水运工程生产安全事故应急工作领导小组"（以下简称领导小组），领导小组是我部应对公路水运工程Ⅰ级事故的指挥机构。

2.2.2　领导小组组成及职责

由部长或经部长授权的部领导任组长，分管副部长或部安全总监或部安全与质量监督管理司（以下简称安质司）及办公厅主要负责人任副组长，相关单位负责人任成员，并指明一名工作人员作为联络员。视情况成立现场工作组和专家组，在领导小组统一指导、协调下开展工作。如表1所示。

表1　领导小组组成

领导小组组成	
组长	交通运输部部长或经部长授权的部领导
副组长	分管副部长或部安全总监或安质司及办公厅主要负责人
成员（视需要参加）	部应急办、政策研究室、公路局、水运局、公安局、海事局、救捞局、通信信息中心主要负责人，安质司分管负责人

领导小组主要职责：

（1）决定终止公路水运工程生产安全事故应急响应；

（2）按规定组织或配合国务院实施公路水运工程 I 级事故的应急处置工作；

（3） I 级应急响应启动后，立即召开领导小组第一次工作会议，议定 I 级应急响应期间领导小组各项工作制度及安排；应急响应期间，根据事态发展变化情况，及时召开后续工作会议；

（4）根据国务院要求或现场应急处置需要，决定是否成立现场工作组和专家组；

（5）当事故应急工作由国务院统一指挥时，领导小组按照国务院的指令、批示，配合协调相应的应急行动；

（6）研究决定其他相关重大事项。

2.2.3　应急日常机构

部安质司作为部公路水运工程生产安全事故应急日常机构，具体承担公路水运工程安全生产应急管理的日常工作，以及 I 级应急响应启动后的组织、协调等具体工作。

应急状态下应急响应的主要职责：

（1）接收、汇总事故信息，起草有关事故情况报告，提出相关应急处置建议；

（2）传达落实领导小组下达的指令；

（3）向部应急办提出需要其他应急协作部门支持的建议；

（4）研究提出赴现场督导的技术专家人选；

（5）与部政策研究室保持沟通，确认对外发布的事故信息；

（6）与部应急办保持沟通，确认上报的事故信息；

（7）承办领导小组安排的其他工作。

应急响应结束后的主要工作：

（1）评估应急处置方案、措施及效果，总结应急救援的经验与教训，对预案体系、组织体系、应急机制及应急联动等方面进行系统性评估，提出完善应急工作的意见和建议，并向领导小组提交评估报告；

（2）参与事故调查，侧重分析技术层面原因。

2.2.4　部内有关单位职责

在领导小组的统一领导下，部安质司负责公路水运工程生产安全事故的应急处置，部应急办（中国海上搜救中心）、办公厅、政策研究室、公路局、水运局、通信信息中心等按职责分工予以配合，公安局、海事局、救捞局等视情况参与。

2.2.5　现场工作组

现场工作组视事故情况决定成立，由部安质司负责联络。公路水运工程Ⅰ级事故现场工作组经领导小组批准成立，必要时由部领导带队；Ⅱ级事故现场工作组经部长批准后成立，由部安质司主要负责人带队；Ⅱ级以下事故现场工作组经分管副部长批准后成立，由部安质司分管负责人带队。现场工作组由交通运输部、省级交通运输主管部门分别派员和有关专家组成。当国务院统一组建现场工作机构时，部应当派出相应级别的人员参加。

现场工作组职责：

（1）传达部应急工作要求，及时向部报告现场有关情况；

（2）主动与地方政府组成的事故现场应急抢险指挥机构联系和会商；

（3）根据现场所了解的情况，研究事故救援技术和处置方法，提供相应的技术咨询意见；

（4）必要时向部请求调用相关专业应急救援队伍；

（5）从专业角度分析事故原因，总结经验教训，为事故调查提供技术分析材料；

（6）承办部交办的其他工作。

2.2.6　专家组

专家组依地方交通运输主管部门申请或根据部应急处置工作需要成立，由部安质司提出建议。专家组由公路水运工程及其他相关行业工程技术、科研、管理等方面专家组成，根据需要参加公路水运工程生产安全事故的应急处置工作，提供专业咨询意见。

2.3 地方级交通运输主管部门应急组织机构

省、市、县级交通运输主管部门应当分别组建本级公路水运工程生产安全事故应急组织机构和管理体系，明确相关岗位职责，落实具体责任人员。在本级人民政府的领导和上级交通运输主管部门的指导下，负责本行政区域内相应事故级别的公路水运工程生产安全事故应急处置工作的组织、协调、指导和监督，会同本级相关职能部门，建立应急管理预警机制和救援协作机制。

2.4 项目级应急组织机构

项目建设单位应设立应急组织机构，协调各合同段施工单位的应急资源，按规定及时向交通、安监等属地直接监管的负有安全生产监督管理职责的有关部门报送事故情况，组织相邻合同段之间的自救互救，控制事故的蔓延和扩大，并保护事故现场。项目建设单位应急管理工作，应当按照属地政府和直接监管的相关主管部门的有关规定执行。

2.5 协同工作机制

2.5.1 工作联络

交通运输部建立公路水运工程生产安全事故应急联络员制度，加强信息沟通，相互配合，形成协同工作机制，部安质司负责联络。

部办公厅、政策研究室、公路局、水运局、海事局、通信信息中心等相关司局应分别明确一名应急联络员，省级交通运输主管部门应确定厅级、处级各一名本地区应急联络员。应急联络员在应急响应期间，须保持联络畅通。

2.5.2 响应联动

各层级预案在组织体系、预防预警、应急响应、应急保障和预案管理等方面应协调一致。省级交通运输主管部门的应急预案应与本预案相衔接。当上一级应急组织机构启动响应时，下级应急组织机构应同时启动相应的应急响应，形成行业联动。

项目综合应急预案应与属地直接监管的交通运输主管部门的预案相衔接。同一个项目相邻或邻近合同段的施工专项应急预案应体现预警信息共享、应急救援互助等要求。

2.5.3　应急协作

各级交通运输主管部门应加强与本地区安监、公安、国土、环保、水利、卫生、消防、气象、地震、质监等相关部门的沟通联系，逐步建立完善应急会商机制；当公路水运工程Ⅰ级、Ⅱ级事故发生后，主动协调上述相关部门给予支持配合。

根据地方政府或各级交通运输主管部门的请求，由部应急办牵头协调武警交通部队、中央企业等专业或兼职救援队伍。救援队伍抵达事故现场后，应接受当地政府组成的现场事故应急救援指挥机构的指挥、调遣。

3　预防与预警

3.1　预防预警机制

各级交通运输主管部门应在日常工作中，按照《交通运输综合应急预案》的相关要求开展对气象、海洋、水利、国土等部门的预警信息以及公路水运工程生产安全事故相关信息的搜集、接收、整理和风险分析工作，完善预防预警机制，针对各种可能发生的公路水运工程生产安全事故情形，按照相关程序发布预警信息，做到早发现、早报告、早处置。

3.2　预警信息来源

预警信息来源主要包括：

（1）各级交通运输主管部门和相关单位上报的信息；

（2）气象、海洋、水利、国土、安监等政府相关部门对外发布的橙色及以上级别的天气、海况、地质等灾害预警信息；

（3）公路水运工程生产安全事故（或险情），以及上级部门对外发布的较大及以上生产安全事故情况通报或预警信息；

（4）经交通运输主管部门核实的新闻媒体报道的信息。

3.3 预防工作

3.3.1 各级交通运输主管部门预防工作

各级交通运输主管部门应了解辖区内公路水运工程项目重大风险、重大事故隐患的分布情况，对接收到的各类预警信息要及时转发，督促项目建设单位对辖区内重点工程项目的办公场所、驻地环境、施工现场等开展经常性的隐患排查，对发现的重大事故隐患要督促项目参建单位按规定报备，提前采取排险加固等防控措施，及时撤离可能涉险的人员、船机设备等。

各级交通运输主管部门应按规定接收自然灾害类预警信息，通过网络、短消息等多种方式及时转发橙色及以上级别的预警信息，提出防范要求，有效督促、指导项目参建单位做好灾害防御工作。

3.3.2 项目参建单位预防工作

项目参建单位均应指定专人接收预警信息，按照地方政府、行业主管部门的应急布置和项目级应急预案，提前做好各项事故预防工作。

项目建设单位应当牵头组织整个项目的事故预防工作，督促、指导项目其他参建单位按照职责做好各自的预防工作。项目施工单位应结合事故发生规律，有效开展安全风险评估与预控，认真排查各类事故隐患，制定重大事故隐患清单并组织专项治理，提前做好各项应对措施。

3.4 项目预警信息发布和解除

项目预警信息由建设单位根据上级预警信息或本级实际情况发布和解除。建设单位向施工合同段发布的项目预警信息应包括：可能发生的生产安全事故类别、起始时间、预警级别、影响范围、影响估计及应对措施、警示事项、从业人员自防自救措施、发布单位等。

4 应急响应

4.1 分级响应原则

公路水运工程生产安全事故应急响应级别分为Ⅰ、Ⅱ、Ⅲ、Ⅳ四级。当发生符合公路水运工程Ⅰ级事故情形时，交通运输部启动并实施Ⅰ级应急响应，并立即以《交通运输部值班信息》的形式，报中办信息综合室、国务院总值班室，应急组织机构按照本预案2.2款规定开展应急工作。

当发生符合公路水运工程Ⅱ、Ⅲ、Ⅳ级事故情形时，交通运输部视情启动Ⅱ级应急响应，应急响应内容主要包括密切跟踪突发事件进展情况，协助地方开展应急处置工作，派出现场工作组或者有关专家给予指导，协调事发地周边省份交通运输主管部门给予支持，根据应急处置需要在装备物资等方面给予协调等。

各地根据本地区实际情况制定并细化响应等级及应急响应措施。

对于Ⅰ、Ⅱ级生产安全事故，上级部门启动应急响应后，事发地应急响应级别不能低于上级部门的应急响应级别。

4.2 事故信息报送

公路水运工程生产安全事故发生后，项目施工单位应立即向项目建设单位、事发地交通运输主管部门和安全生产监督管理部门报告，必要时可越级上报。

事发地省级交通运输主管部门应急联络员或值班部门接报事故后，应当立即口头或短信报告部安质司应急联络员或部安质司责任处室相关人员，并按照《交通运输行业建设工程生产安全事故统计报表制度》要求，在1小时内将信息上报至部安质司，其中Ⅰ、Ⅱ级事故还应按照《交通运输突发事件信息报告和处理办法》的要求上报部应急办，并及时续报相关情况。事故信息报送流程如图1所示。

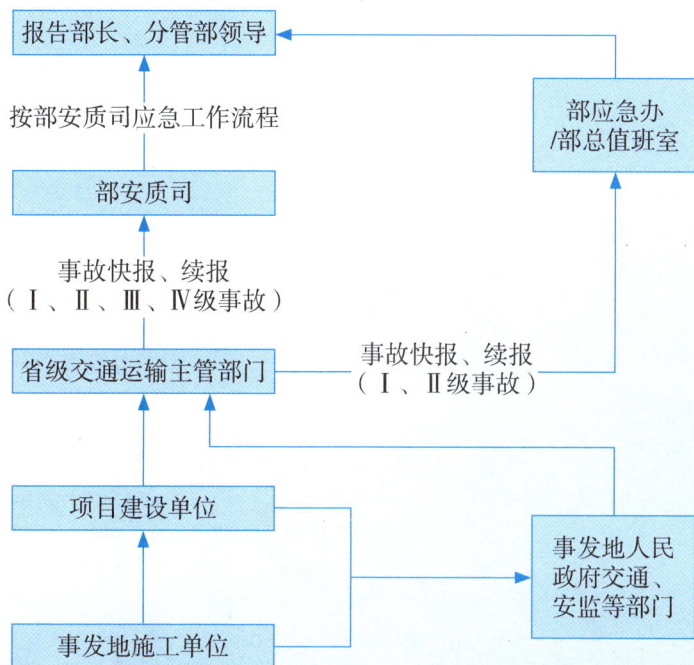

图1 事故信息报送流程图

4.3 应急响应程序

4.3.1 Ⅰ级应急响应

Ⅰ级应急响应按下列程序和内容启动，具体响应及处置流程如图2所示。

（1）发生公路水运工程Ⅰ级事故或者接到国务院责成处理的公路水运工程生产安全事故，部安质司主要负责人（主要负责人不在京时为分管负责人）应在第一时间向分管副部长、部

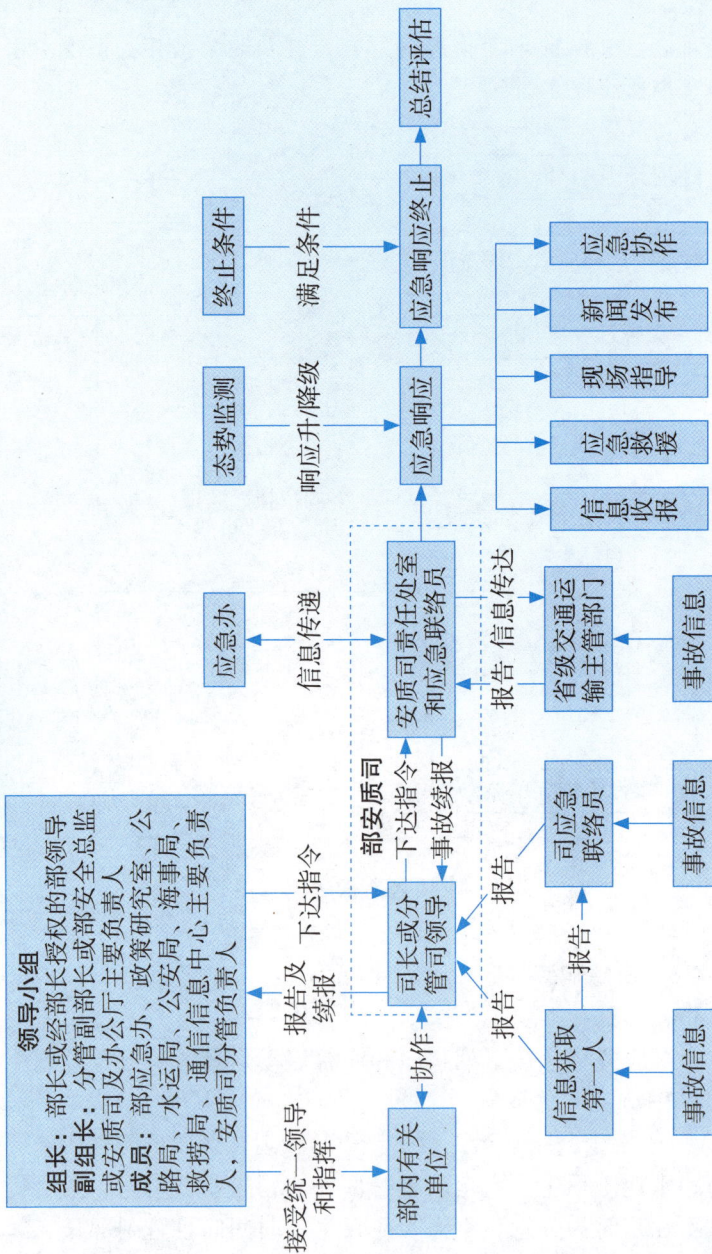

图2 应急响应流程图

长报告有关情况，提出启动Ⅰ级应急响应建议，经分管副部长同意后，报请部长核准。由部长或经部长授权的部领导宣布启动交通运输部应对××公路水运工程生产安全事故的Ⅰ级应急响应，同时成立领导小组。

（2）部安质司负责筹备领导小组第一次工作会议，拟定应急响应期间的指挥协调、会商制度，提出派驻现场工作组、专家组建议，以及信息报告、新闻发布、专家咨询、后期保障等事项。

（3）部安质司负责将应急响应信息通知部内相关司局和事发地省级交通运输主管部门，各级公路水运工程生产安全事故应急响应同步启动。

（4）根据事故信息和现场情况，经部长或经部长授权的部领导批准后，尽快组织现场工作组、专家组赶赴现场参与应急处置的技术指导，追踪掌握即时事故信息。

4.3.2　Ⅱ级应急响应

Ⅱ级应急响应按照下列程序和内容启动：

（1）发生Ⅱ级事故，部安质司主要负责人（主要负责人不在京时为分管负责人）应在第一时间向分管副部长、部长报告有关情况，提出启动Ⅱ级应急响应建议，经分管副部长同意后，报请部长核准。由分管副部长或经部长授权的部安全总监宣布启动交通运输部应对××公路水运工程生产安全事故的Ⅱ级应急响应，视情况组织现场工作组和专家组，参与事故现场应急处置的技术指导，追踪掌握即时事故信息。

（2）发生Ⅲ级事故，部安质司主要负责人（主要负责人不在京时为分管负责人）应在第一时间向分管副部长报告有关情况，经分管副部长同意，由部安质司主要负责人或分管负责人宣布启动交通运输部应对××公路水运工程生产安全事故的Ⅱ级应急响应，根据事故应急救援需要，视情况组织现场工作组和专家组。

（3）发生Ⅳ级事故，部安质司责任处室负责人提出启动Ⅱ级应急响应建议，报部安质司主要负责人（主要负责人不在京时为分管负责人）核准，由部安质司主要负责人或分管负责人宣布启动交通运输部应对××公路水运工程生产安全事故的Ⅱ级应急响应。

（4）Ⅱ级应急响应期间，部安质司负责跟踪、指导事发地的省级交通运输主管部门开展事故救援方案会商、专家技术支持、协调救援协作机构等具体工作。

4.3.3 应急响应终止条件与程序

Ⅰ级、Ⅱ级应急响应至少符合下列条件方可终止：

（1）经论证人员无生还可能；

（2）现场应急救援工作已经结束；

（3）险情得到控制，涉险人员安全离开危险区域并得到安置；

（4）次生灾害基本消除。

Ⅰ级应急响应终止程序如下：

部安质司根据掌握的信息，并向事发地省级交通运输主管部门核实后，满足终止响应条件时，由部安质司向领导小组提出终止响应建议，报请组长核准后，由组长宣布终止Ⅰ级应急响应，或者降低为Ⅱ级应急响应，转入相应等级的应急响应工作程序，同时宣布取消领导小组。

Ⅱ级应急响应终止程序如下：

部安质司根据掌握的信息，并向事发地省级交通运输主管部门核实后，满足终止响应条件时，经分管副部长同意，Ⅱ级事故由分管副部长或部安全总监、Ⅲ级与Ⅳ级事故由部安质司主要负责人或分管负责人宣布终止应急响应。

地方应急响应终止程序由地方各级交通运输主管部门参照交通运输部应急响应终止程序，结合本地区特点制定。

4.4　应急处置

4.4.1　Ⅰ级应急响应处置

（1）现场督导。

Ⅰ级应急响应启动后，需派出现场工作组时，由部领导带队赶赴现场。部安质司负责人与责任处室负责人及相关司局人员参加现场工作组。现场工作组还应包括若干（一般1~3名）技术专家，部安质司应保持与现场工作组的即时联系沟通。现场工作组抵达事故现场后，通过事发地交通运输主管部门及时与当地政府组成的现场应急救援指挥机构取得联系，尽快确定协同工作内容及联系会商机制，按照应急处置的统一安排，积极主动配合工作，为抢险救援提供技术咨询意见。

（2）信息上传与下达。

部安质司承办处室按照《交通运输部突发事件应急工作暂行规范》做好信息上传下达工作。现场工作组抵达事故现场4小时内，应将现场情况以短信、传真或邮件等方式传给部安质司。部安质司接到现场工作组发回的事故信息1小时内，向分管副部长、部长报告，并抄报部应急办。事故现场有新情况或新风险时，现场工作组应及时向部安质司和应急办报送动态信息。

当国务院、交通运输部领导对应急处置有批示（或指示）时，部安质司应及时向事发地省级交通运输主管部门和现场工作组传达。

4.4.2　Ⅱ级应急响应处置

Ⅱ级应急响应启动后，视情况成立现场工作组时，由部安质司主要负责人或分管负责人带队赶赴现场。

部安质司按照《交通运输部安全与质量监督管理司公路水运工程施工阶段突发事件应急工作流程》开展应急处置工作。承办处室应跟踪现场工作组工作及应急处置情况，并与部应急办及时沟通相关信息。现场工作组按照本预案2.2.5及4.4.1有关规定开展相关工作。

附件
10

4.5 信息发布

突发事件处置与信息发布应同步启动、同步进行。信息发布坚持实事求是、及时公开的原则，按照《交通运输综合应急预案》规定执行。对于情况较为复杂的突发事件，在事态尚未清楚、但可能引起公众猜测或恐慌时，应在第一时间发布已认定的简要信息，根据事态发展和处置工作进展情况，再作后续详细发布。

4.6 善后处置

事故善后处置工作以属地为主，在属地人民政府以及负责事故调查处置的相关机构的统一部署、领导下，各级交通运输主管部门要按职责分工做好相关工作；同时督促项目参建单位对事故引发的各种潜在危害要组织安全风险评估，对主要结构物进行监测，在此基础上制定相应的专项施工方案，防止盲目复工，导致二次或衍生事故的发生。

4.7 总结评估

4.7.1 评估总体要求

（1）应急响应终止后，事发地交通运输主管部门应结合项目建设单位、监理单位、施工单位上报的应急工作总结，及时总结分析评估，编写应急工作总结、事故应急评估报告。

（2）Ⅰ级应急响应终止后，部安质司应根据事发地省级交通运输主管部门的应急工作总结、事故应急评估报告及现场督导情况，编制部级应急总结评估报告，评估应急工作情况，总结经验教训，提出预案改进建议。

4.7.2 评估目的

通过评估，判断应急工作的质量和效率，发现存在的问题，总结经验教训，寻找有效的解决手段，为以后事故处置提供可借鉴信息；修订完善应急预案，进一步健全应急管理体系和运行机制。

4.7.3　评估内容和程序

4.7.3.1　评估内容

在充分分析工程风险因素、事故起因、救援经过的基础上，重点评估以下内容：

（1）预防预警和预控措施；

（2）项目应急自救效果及能力；

（3）信息报送的时效性与准确性；

（4）事故救援组织机构设置及运行；

（5）现场救援决策、指挥、协调机制及效率；

（6）技术方案及实施情况；

（7）应急协作及应急保障。

4.7.3.2　评估程序

（1）搜集评估信息；

（2）邀请专家协助开展评估；

（3）事发地交通运输主管部门编写事故（或险情）应急评估报告，发生Ⅱ级以上事故，或交通运输部启动应急响应时，省级交通运输主管部门应于应急响应终止后的45个工作日内将本级部门的应急工作总结、事故应急评估报告向部安质司报备。

4.8　事故调查及原因分析

各级交通运输主管部门应当积极参与国务院或有关地方人民政府组织的事故调查工作，选派相应的技术专家和应急管理人员参加事故调查工作。技术专家和应急管理人员应当诚信公正、恪尽职守，遵守事故调查组的各项工作纪律。

交通运输主管部门派出的人员参与事故调查时，应注重从技术调查入手，提供技术咨询，促进事故技术调查更加深入，并为行业监管提供借鉴。重点分析事故发生的工程质量、技术管理等方面的主观因素，以及工程地质、水文、气象等方面的客观因素，并提出行业监管的改进建议等。

Ⅱ级以上事故调查完毕后30个工作日内，参与调查的人员应向部安质司提交技术调查总结材料。

5 应 急 保 障

5.1　日常应急机构运行

部安质司在日常状态下根据国家有关安全生产应急管理的法律、法规，拟定公路水运工程生产安全事故应急管理的政策、制度，制定和修订本预案，指导公路水运工程生产安全应急管理工作。跟踪、收集、分析事故信息，提出改进应急管理的工作建议，按规定组织或参与公路水运工程安全生产应急培训和演练、重大以上级别生产安全事故的调查处理等。

5.2　人力保障

公路水运工程应急救援队伍建设遵循"专兼结合、上下联动"的原则。建设单位应发挥施工单位的自我救助能力，充分了解本项目可调配的应急救援人力和物力，建立兼职的抢险救援队伍和救援设备力量，或与社会专业救援队伍签订救援协议。武警交通部队纳入国家应急救援力量体系，是国家公路交通应急抢险救援保通专业队伍，救援力量调动使用应按照有关规定执行。

各级交通运输主管部门要重视公路水运工程应急技术专家管理、应急管理队伍建设和应急资源信息收集。

（1）应急技术专家：交通运输部成立公路水运工程建设领域安全生产应急专家组，主要由从事科研、勘察、设计、施工、监理、安全等专业的技术专家组成。应急专家按照部应急专家工作规则的要求，为事故分析评估、现场应急救援及灾后恢复重建等提供咨询意见。地方交通运输主管部门启动Ⅱ级及以下应急响应时，可提请部安质司协助选派部应急专家。

（2）应急管理队伍：主要由各级交通运输主管部门的安监、建设管理等相关处室及公路、港航、海事、质监机构的负责人和应急联络员组成，参与或组织公路水运工程生产安全事故应急救援工作。

（3）应急资源信息：充分了解、掌握本地区及邻近地区的专业（兼职）抢险救援队伍和应急技术装备等应急资源信息分布情况，为应急处置工作提供社会资源储备。

5.3 财力保障

（1）应急保障所需的各项经费按照现行事权、财权划分原则，分级负担，并按规定程序列入各级交通运输主管部门年度财政预算。

（2）项目建设、施工单位应建立应急资金保障制度，制定年度应急保障计划，设立应急管理台账，按照国家有关规定设立、提取和使用安全生产专项费用，按要求配备必要的应急救援器材、设备。监理单位应加强对施工单位应急资金使用台账的审核。

（3）项目建设单位应按规定投保建筑工程一切险等险种。项目施工单位应按相关保险规定，为本单位员工及相关劳务合作人员缴纳工伤保险费，鼓励为危险岗位作业人员投保意外伤害险和安全生产责任险。

5.4 宣传、教育和培训

各级交通运输主管部门应将应急宣传、教育和培训作为安全生产教育的重要内容，纳入年度培训计划。每年对应急工作人员进行培训；督导项目建设、施工、监理等单位结合当地政府的统一部署，有计划、有针对性地开展应急工作的宣传、教育和培训。

项目建设和施工单位应将应急培训纳入到项目年度培训计划，有计划地对管理人员，尤其是施工一线工人进行培训，提高其专业技能。监理单位应督促施工单位定期组织安全培训，并审查其安全培训记录。应急培训教育可通过农民工夜校、安全技术交底、岗前警示教育等形式，采用多媒体、动漫、案例等手段，有效开展应急知识培训宣传教育，切实提高一线人员的应急逃生及避险技能。

5.5 预案演练

各级交通运输主管部门应组织开展本级应急预案的演练。项目参建单位应根据工程特点，分门别类定期开展应急演练工作。

演练可通过桌面推演、实战演习等多种形式开展，解决操作性、针对性、协同配合等问题，提高快速反应能力、应急救援能力和协同作战能力。

应急演练组织单位应在演练过程中做好演练记录，应急演练结束后对演练进行总结和评价。

5.6 责任与奖惩

公路水运工程生产安全事故应急管理工作实行领导负责制和责任追究制。

各级交通运输主管部门应对在应急工作中做出突出贡献的集体和个人给予宣传、表彰和奖励。

违反《交通运输部安全生产事故责任追究办法（试行）》（交安监发〔2014〕115号）第八条、第九条、第十条的情形，依此办法规定追究相关人员的责任，构成犯罪的移交司法部门，依法追究刑事责任。

6 附 则

6.1 预案评审

各级交通运输主管部门应当组织有关专家对本部门编制的公路水运工程生产安全事故应急预案进行审定。

施工单位针对危险性较大的分部分项工程和风险等级较高的作业活动编制的专项应急预案和现场处置方案，应当组织专家评审，形成书面纪要并附有专家名单。

预案评审时应考虑应急预案的实用性、基本要素的完整性、预防措施的针对性、组织体系的科学性、响应程序的可操作性、应急保障措施的可行性、预案间的衔接性等内容。

附件
10

6.2 预案备案

各级交通运输主管部门按照本预案的规定制定相应的公路水运工程生产安全事故应急预案，并应及时向当地人民政府和上级交通运输主管部门备案。

国家高速公路、独立特大桥及特长隧道、10万吨级以上码头、航电枢纽等工程的项目综合应急预案，按规定向属地直接监管的负有安全生产监督管理职责的交通运输管理部门和安全生产监督管理部门备案。

施工单位制定的合同段施工专项应急预案和现场处置方案应向建设单位备案，并履行相关审批程序。

6.3 预案管理与更新

当出现下列情形之一的，交通运输部将组织修改完善本预案，更新后报国务院：

（1）预案依据的有关法律、行政法规、规章、标准、上位预案中的有关规定发生变化的；

（2）公路水运工程生产安全事故应急机构及其职责发生重大变化或调整的；

（3）预案中的其他重要信息发生变化的；

（4）在事故实际应对和预案应急演练中发现问题需要进行重大调整的；

（5）预案制定单位认为应当修订的其他情况。

各级交通运输主管部门应参照本预案更新情况，及时进行同步更新或修订。项目建设单位、施工单位、监理单位遇有预案更新情况，应及时进行更新或修订。公路水运工程建设项目的防台防汛等应急预案，原则上每年应在汛期来临前予以更新。

6.4 预案制定与解释

本预案由交通运输部负责制定、组织实施和解释。

6.5 预案实施时间

本预案自印发之日起实施。

附件
10